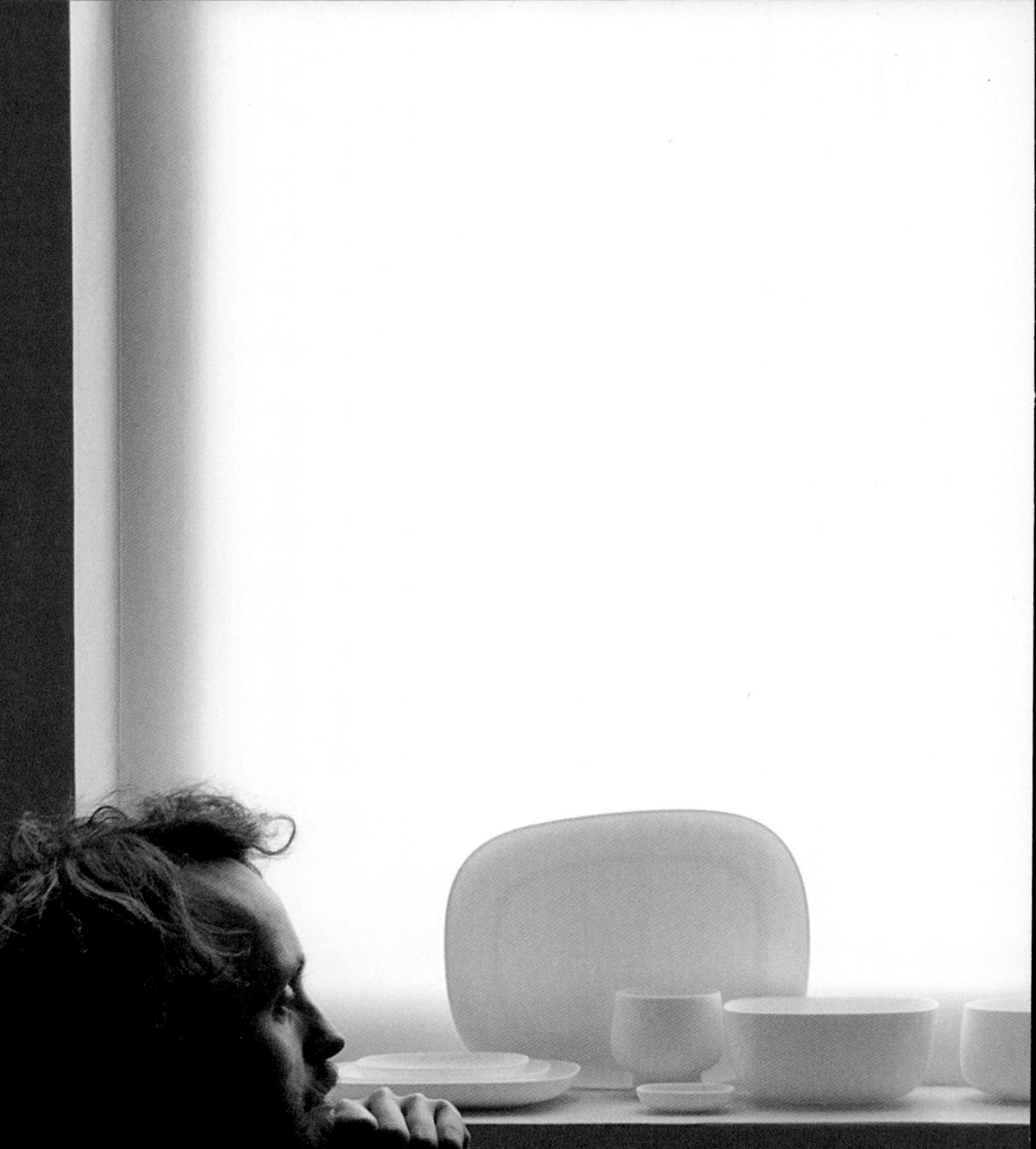

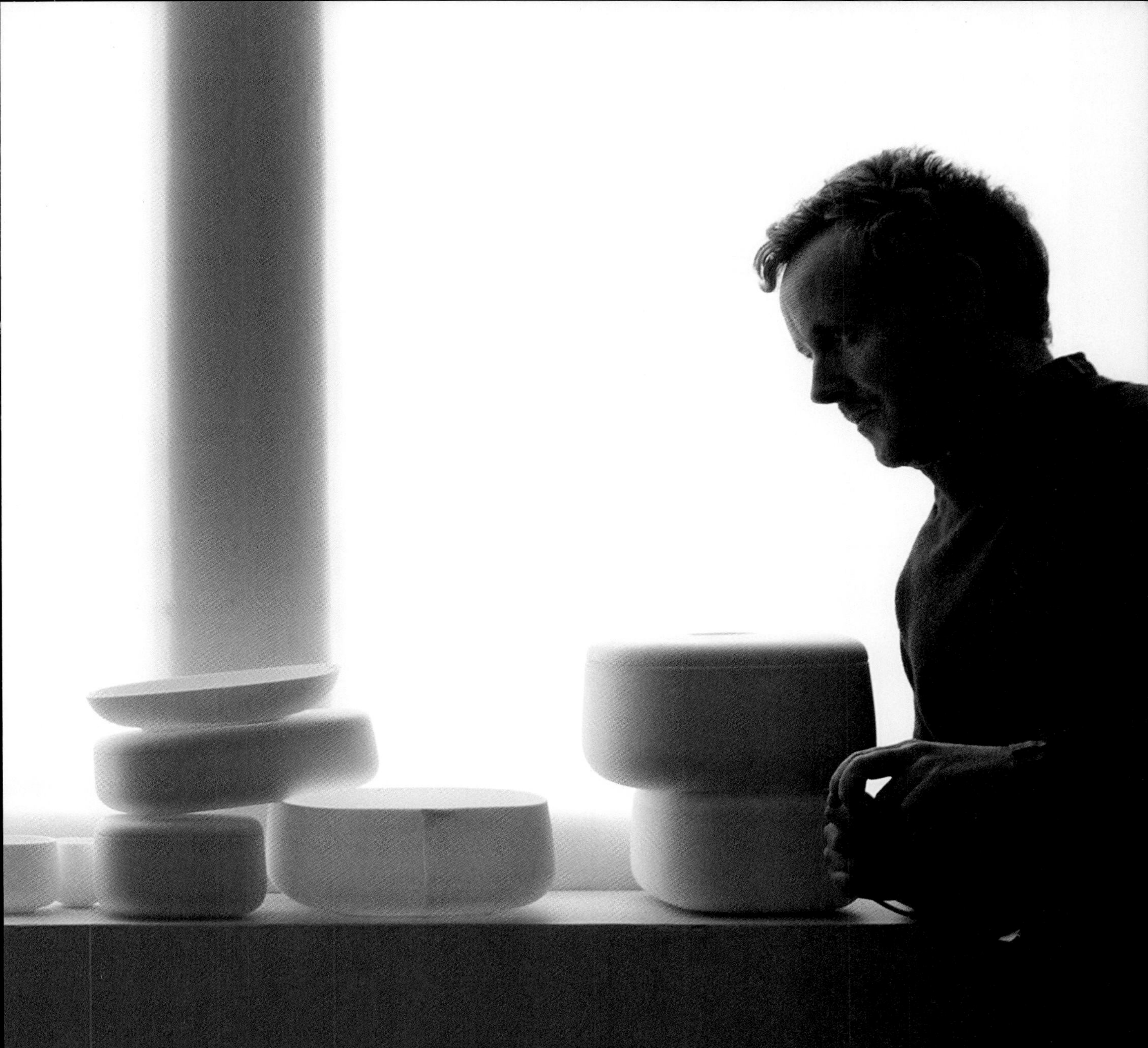

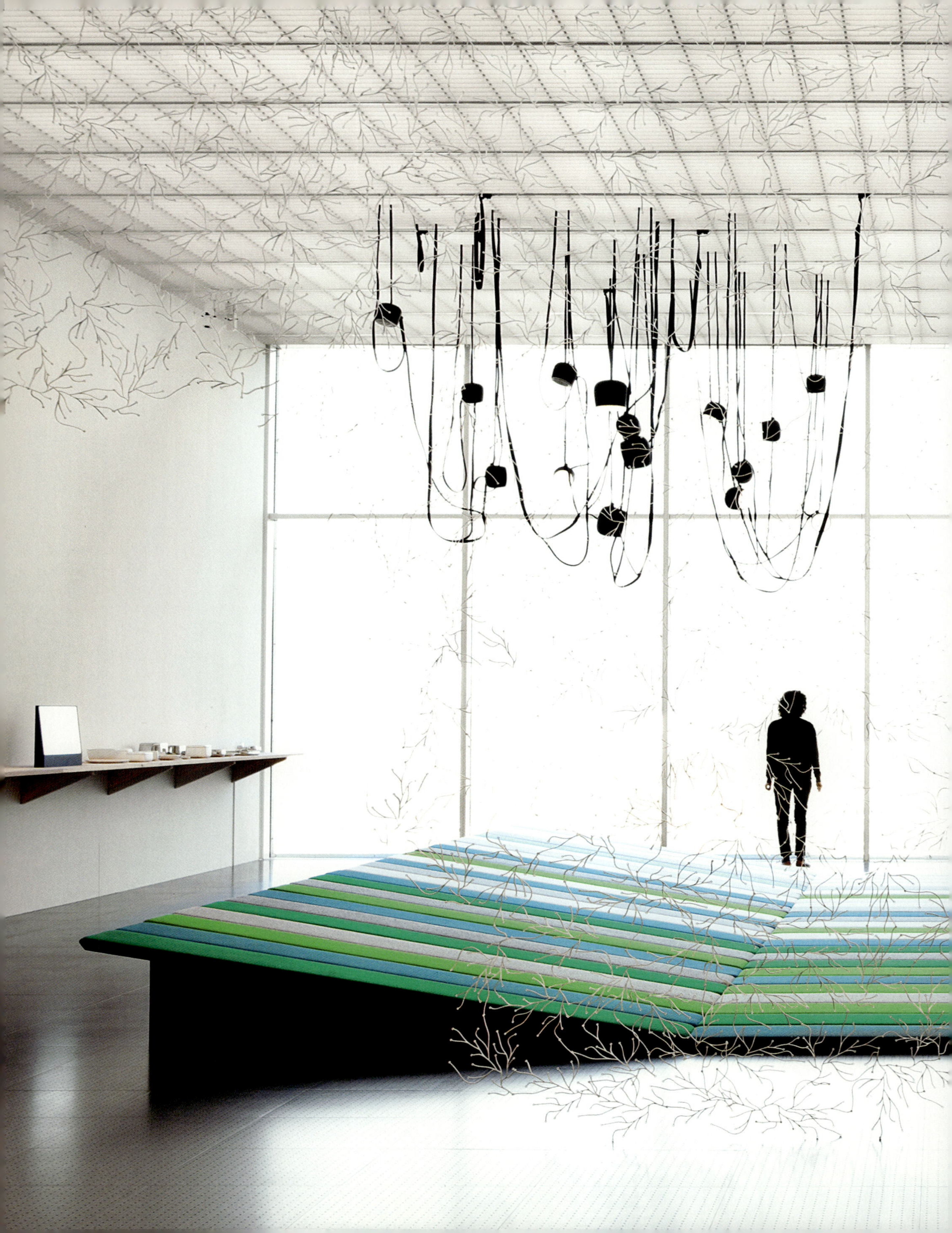

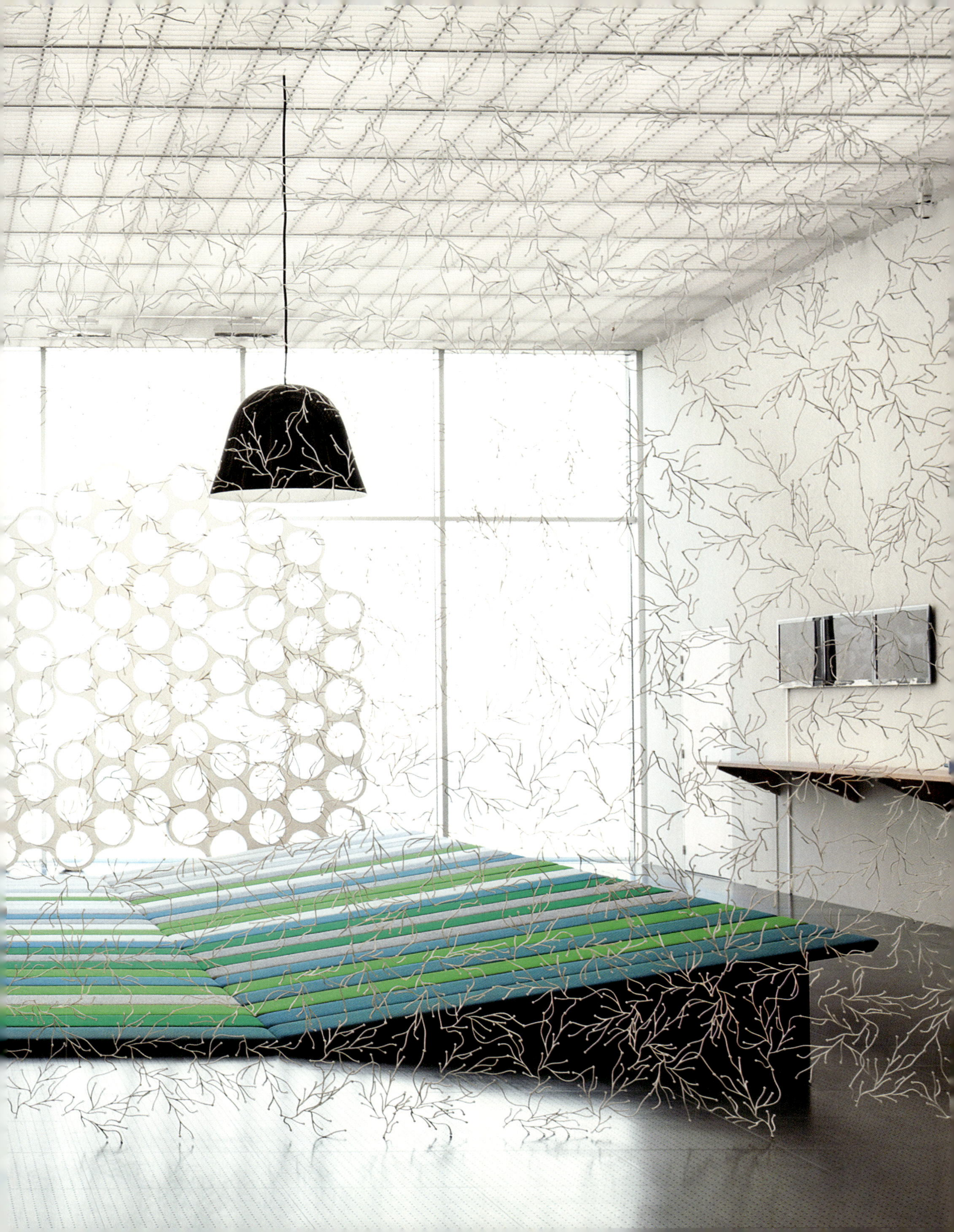

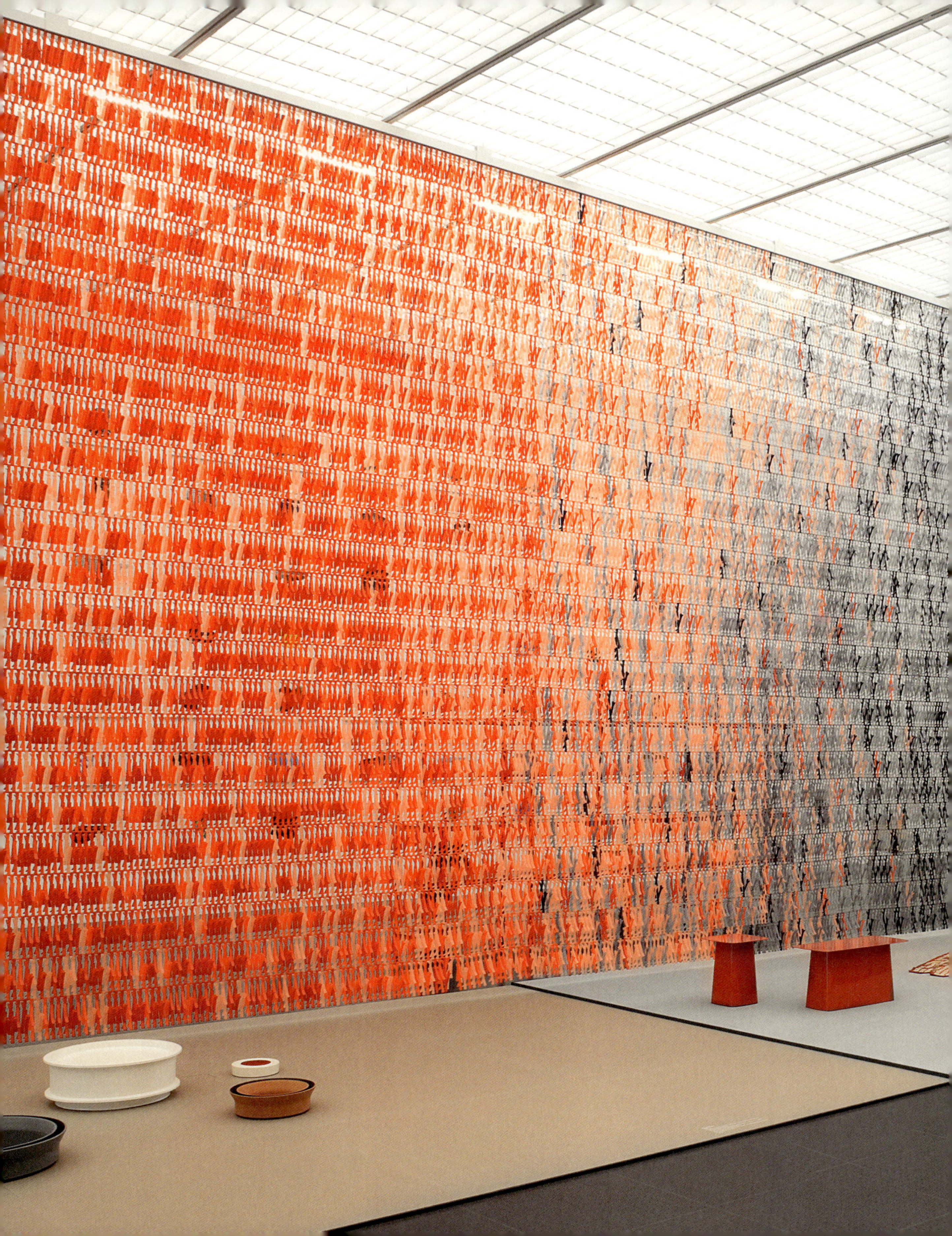

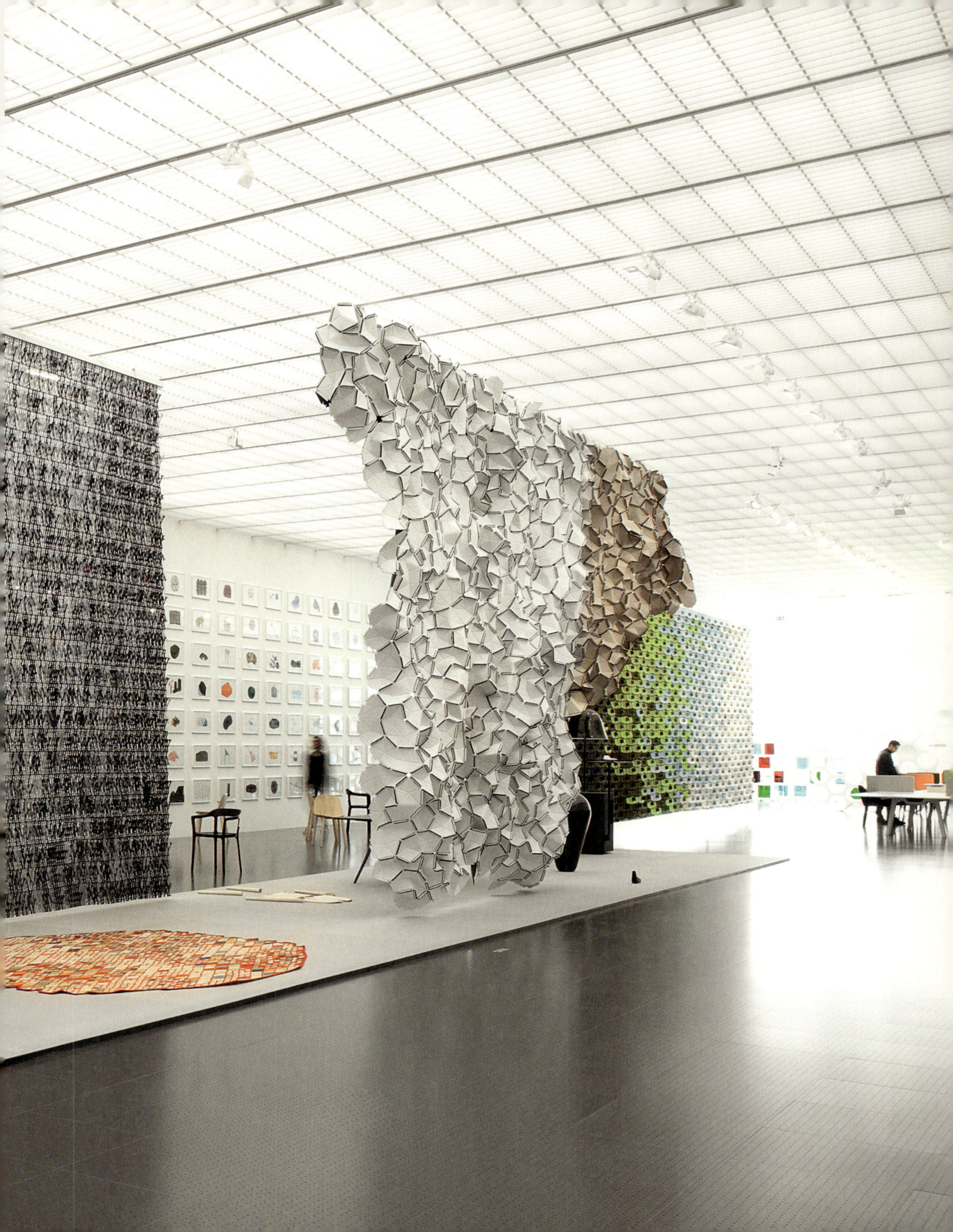

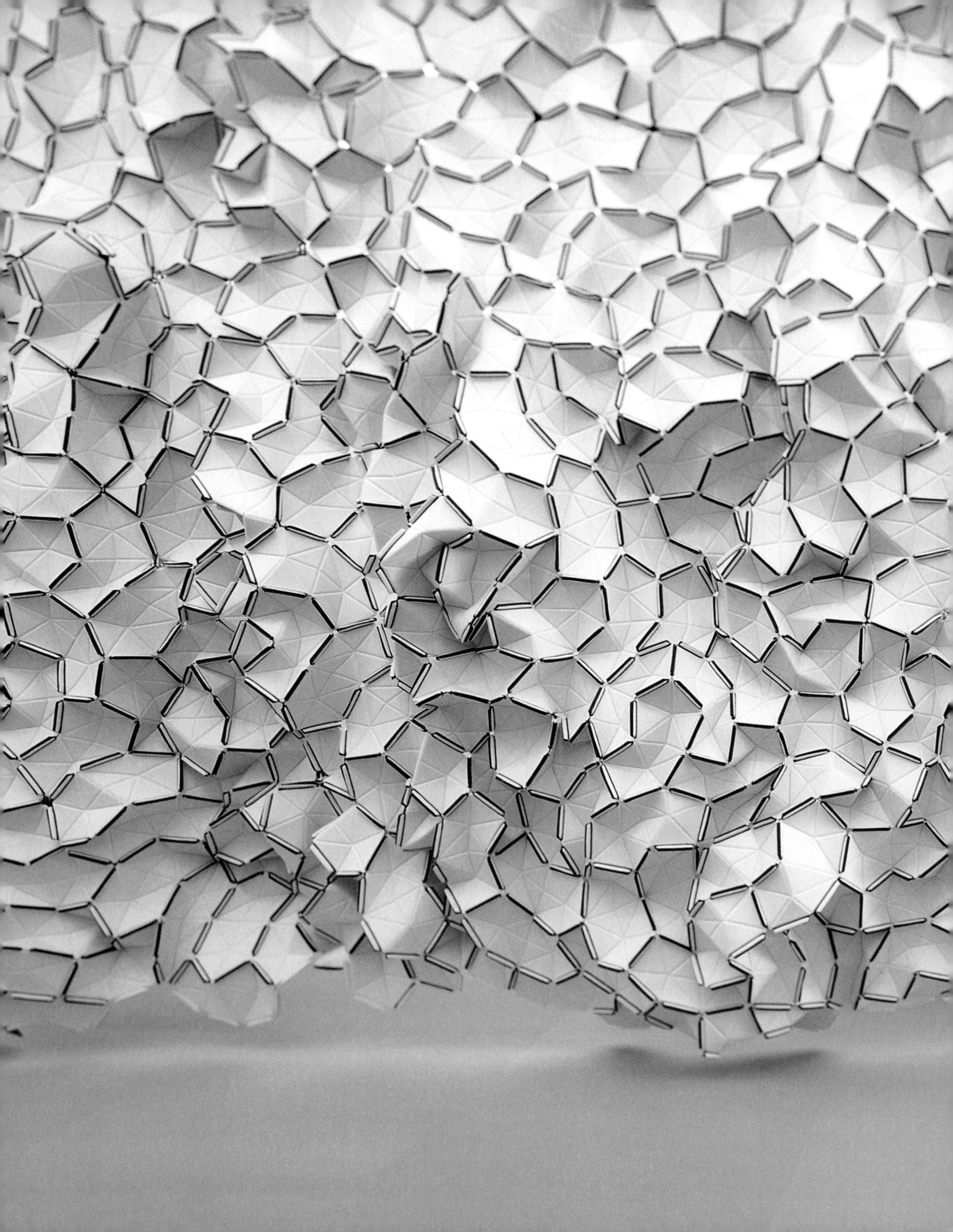

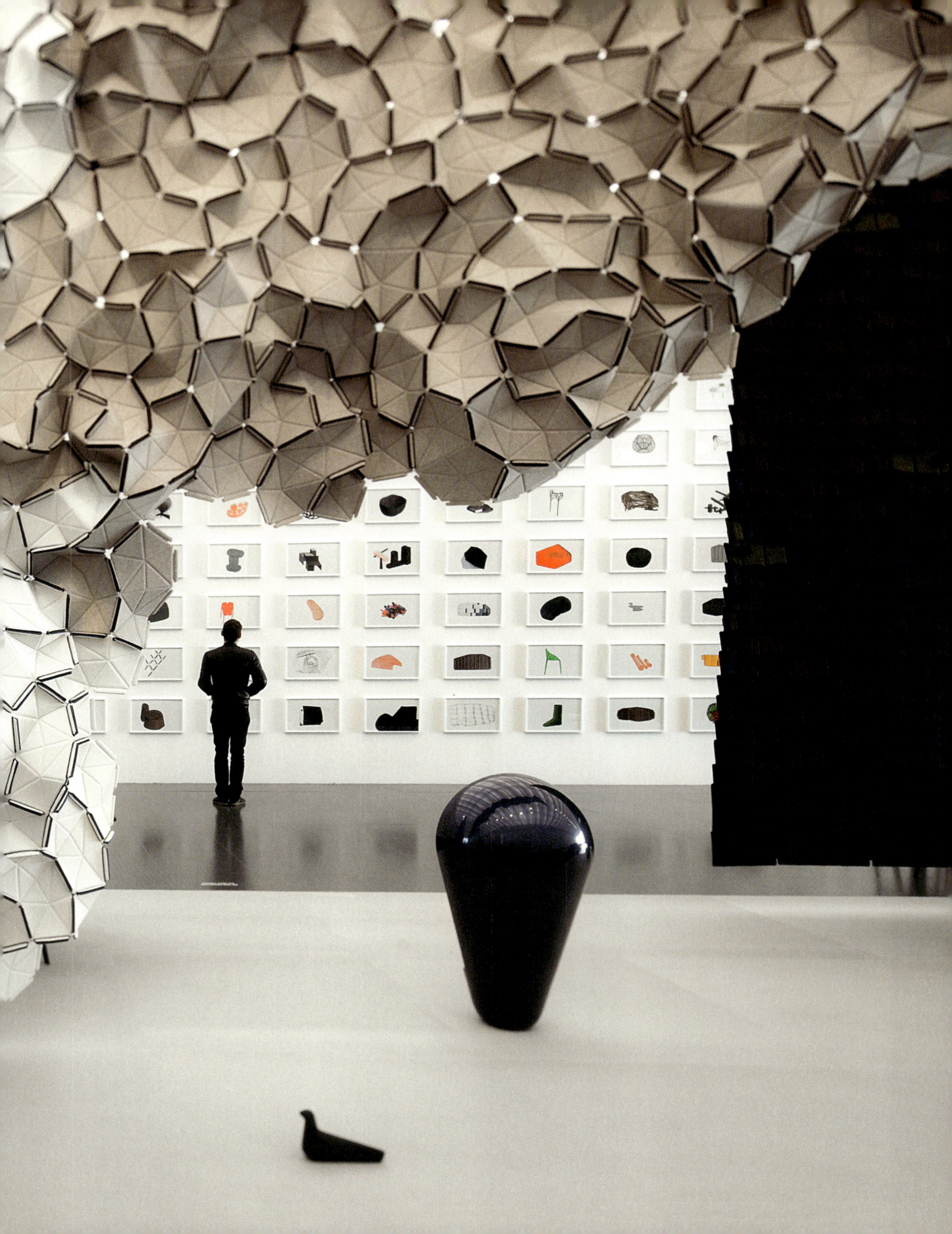

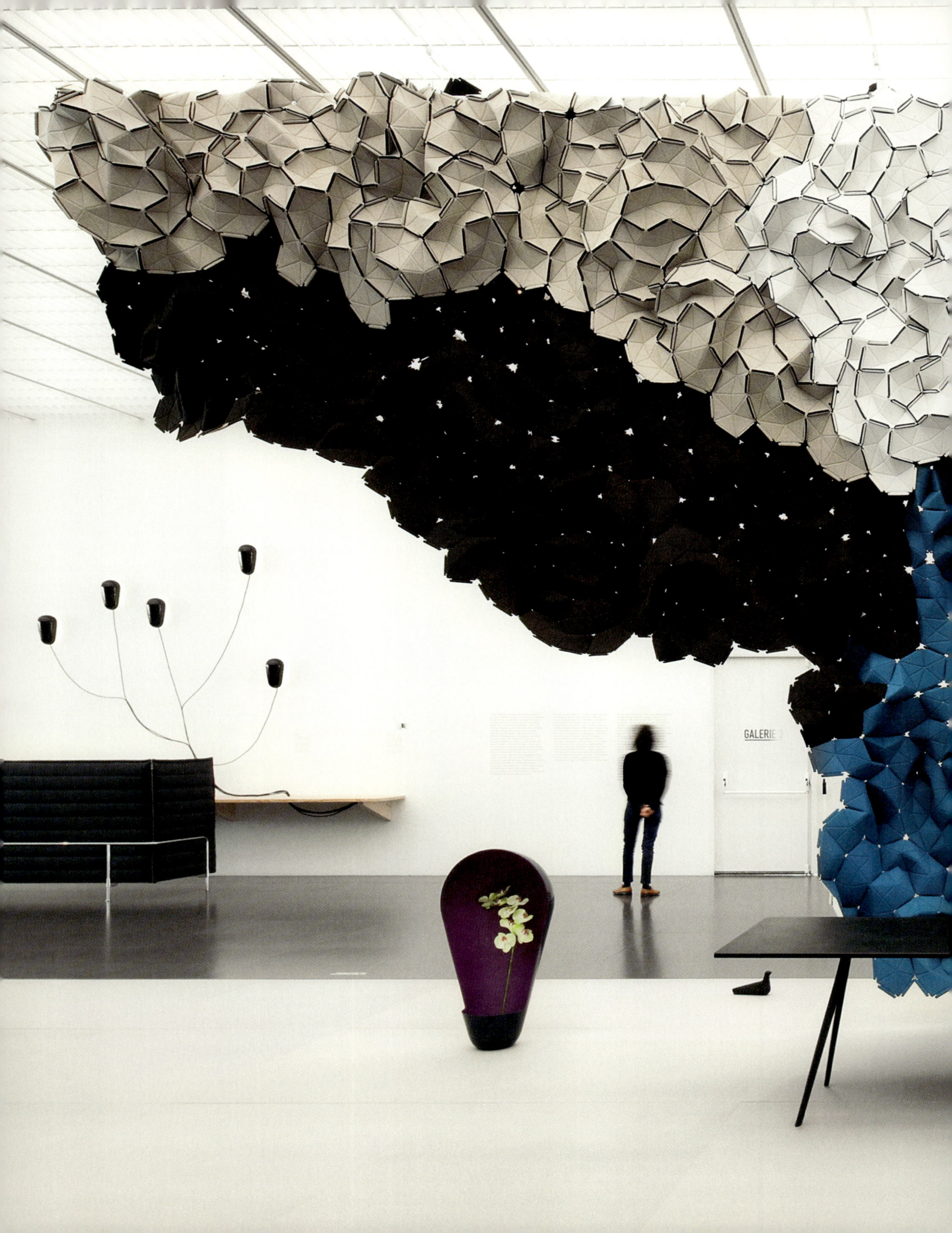
GALERIE

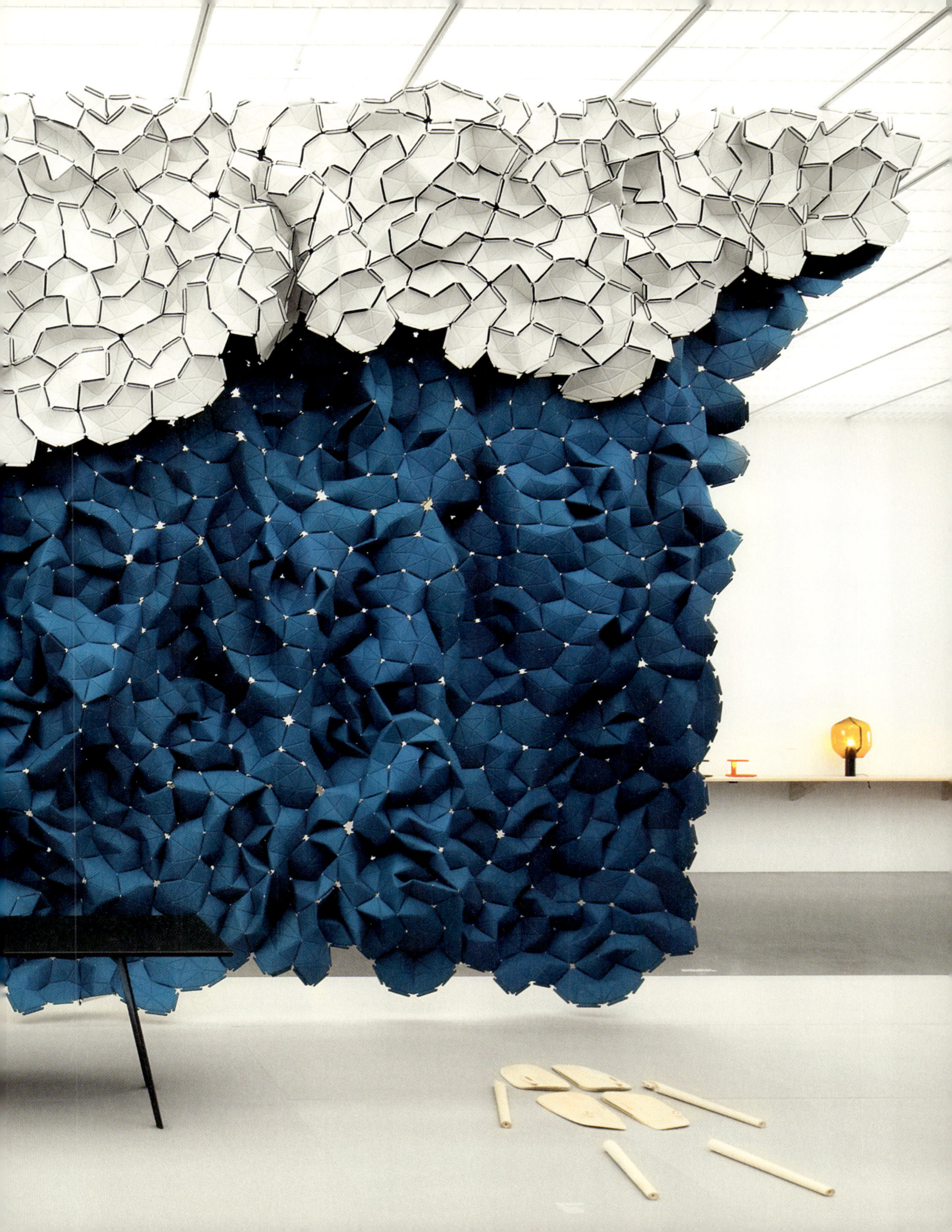

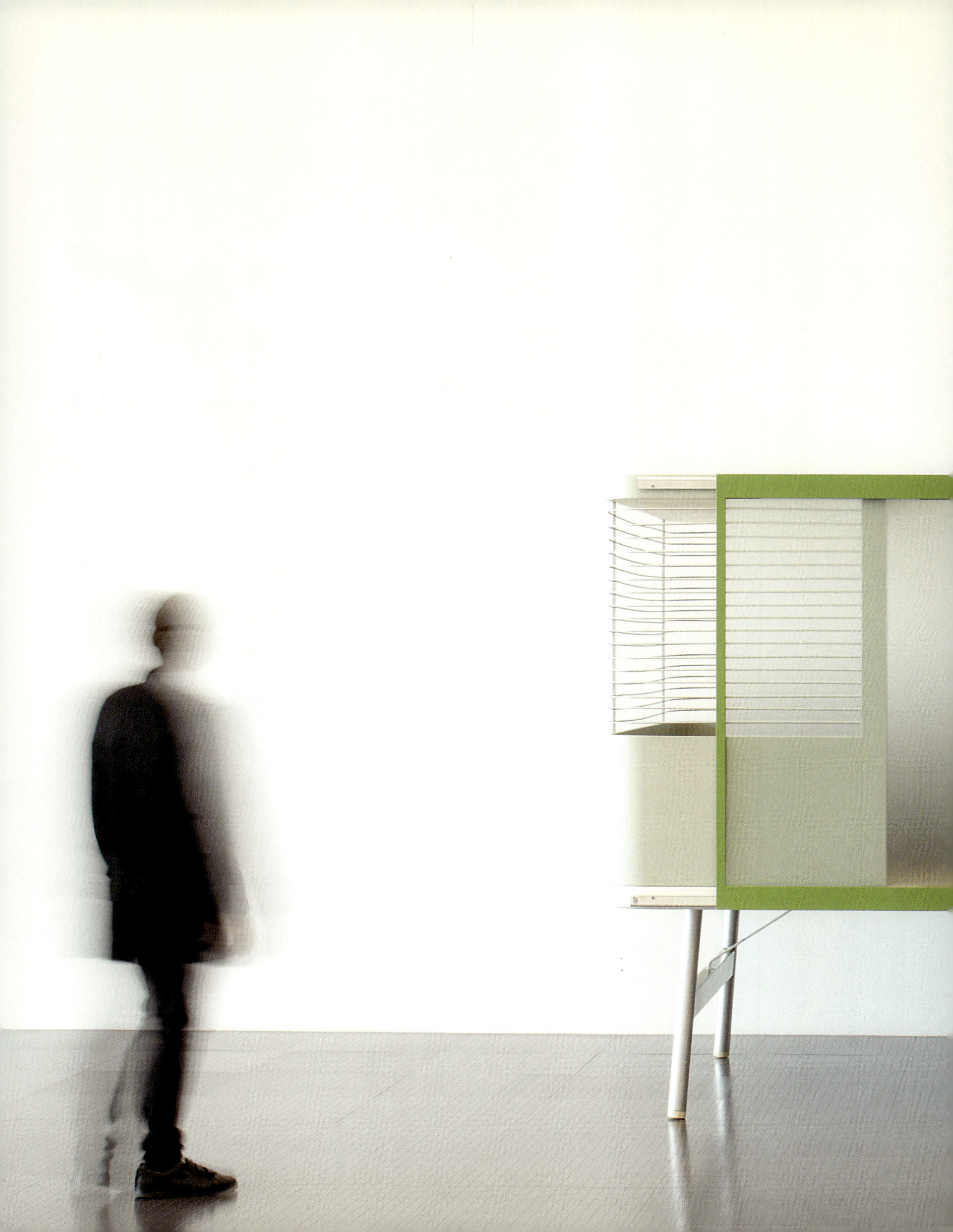

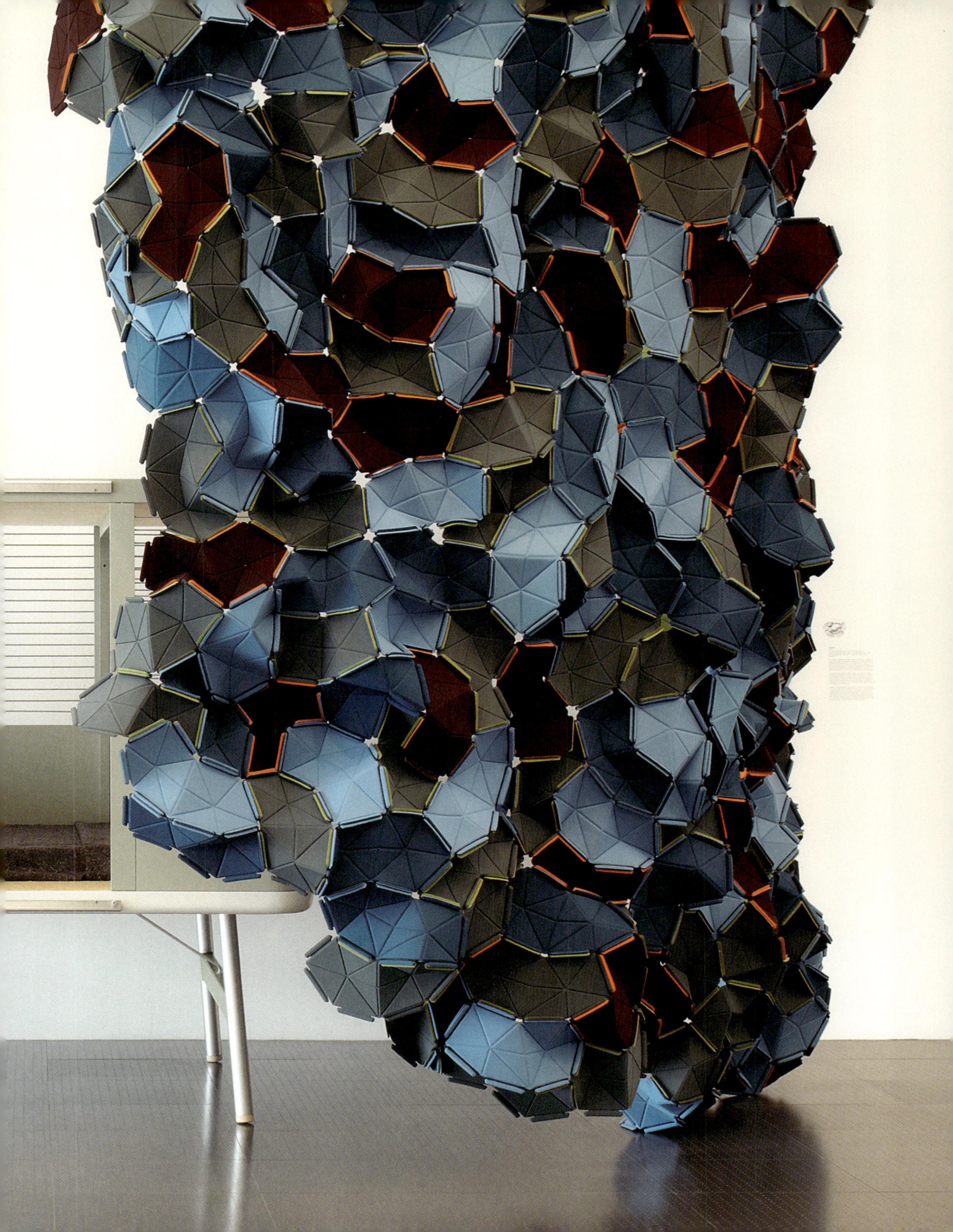

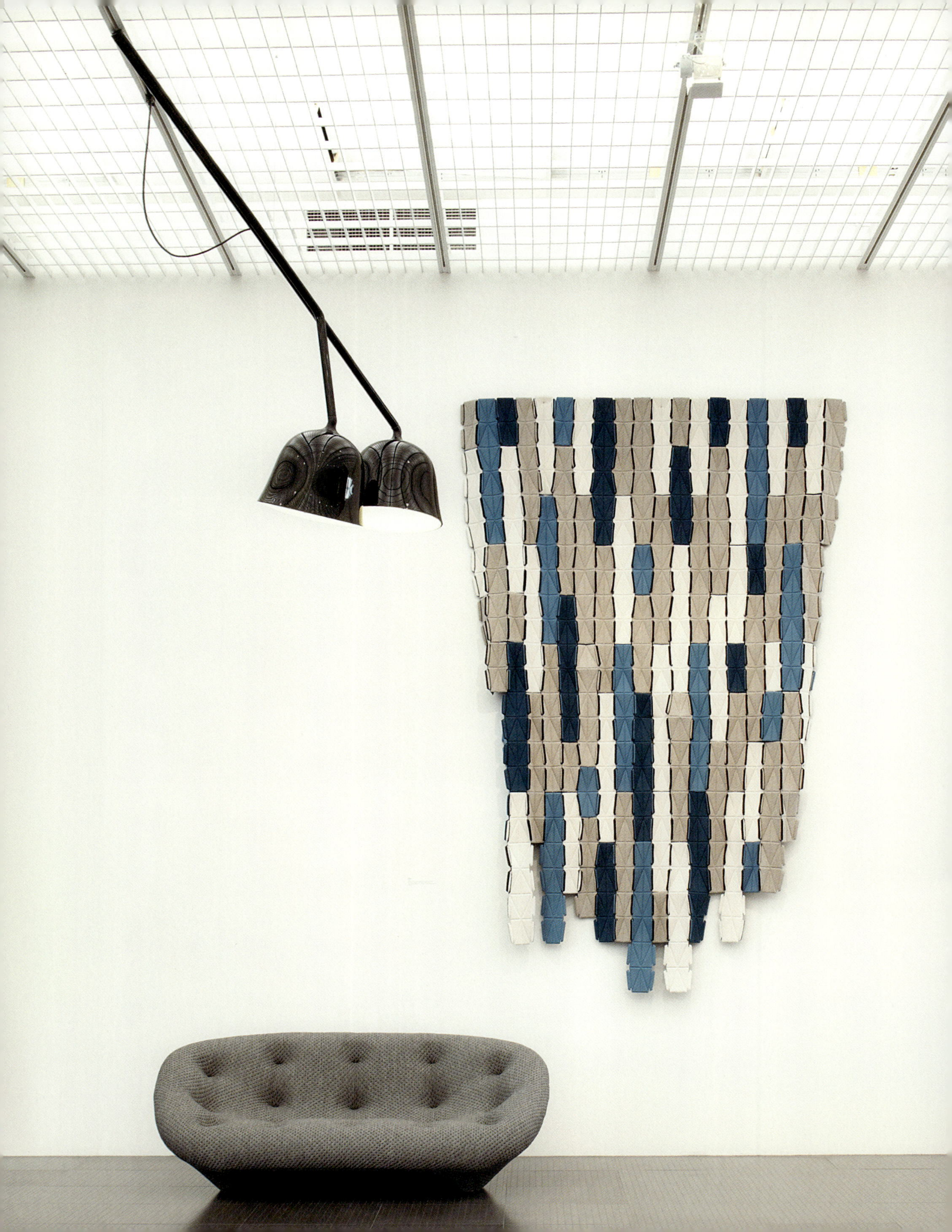

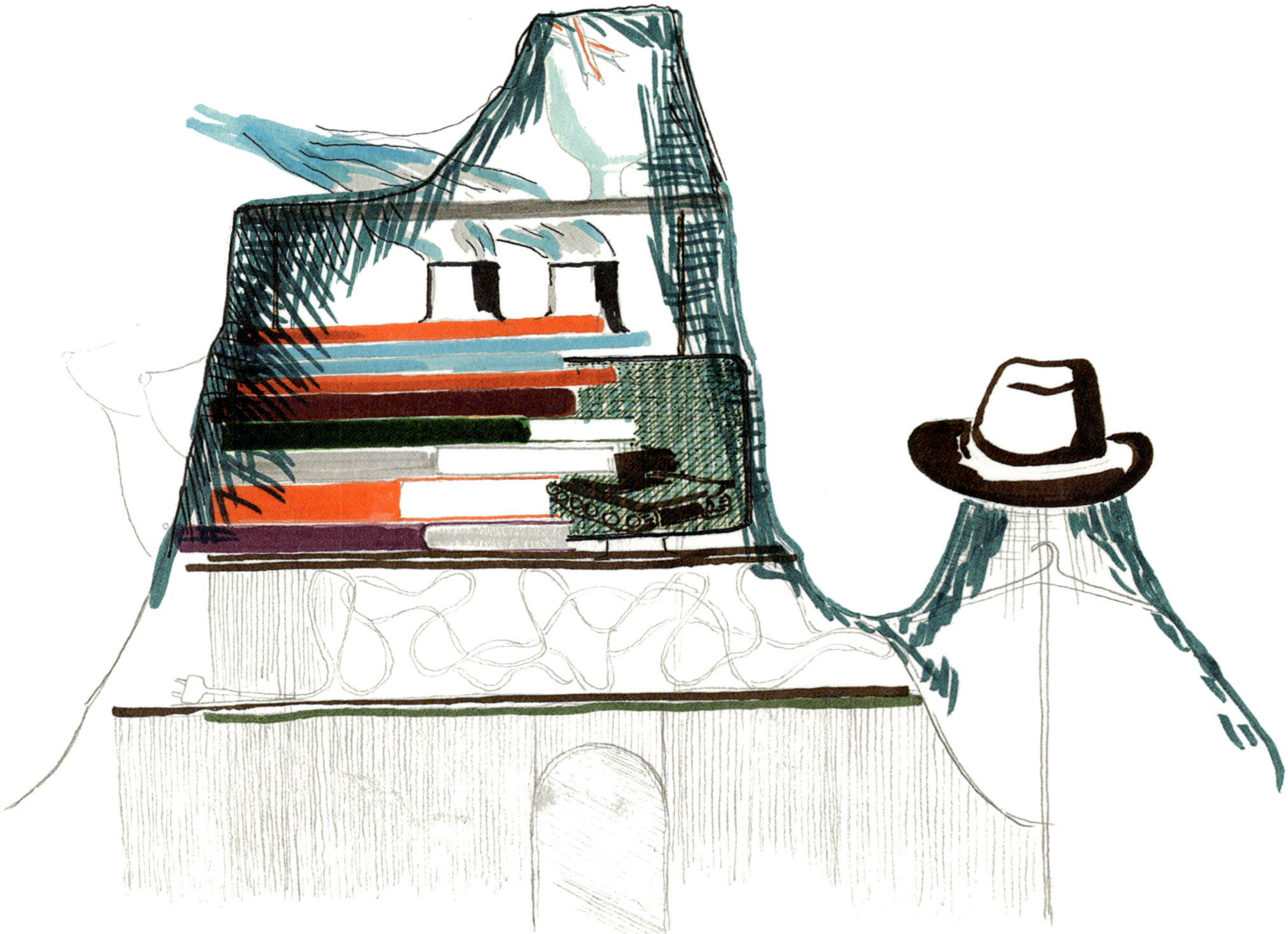

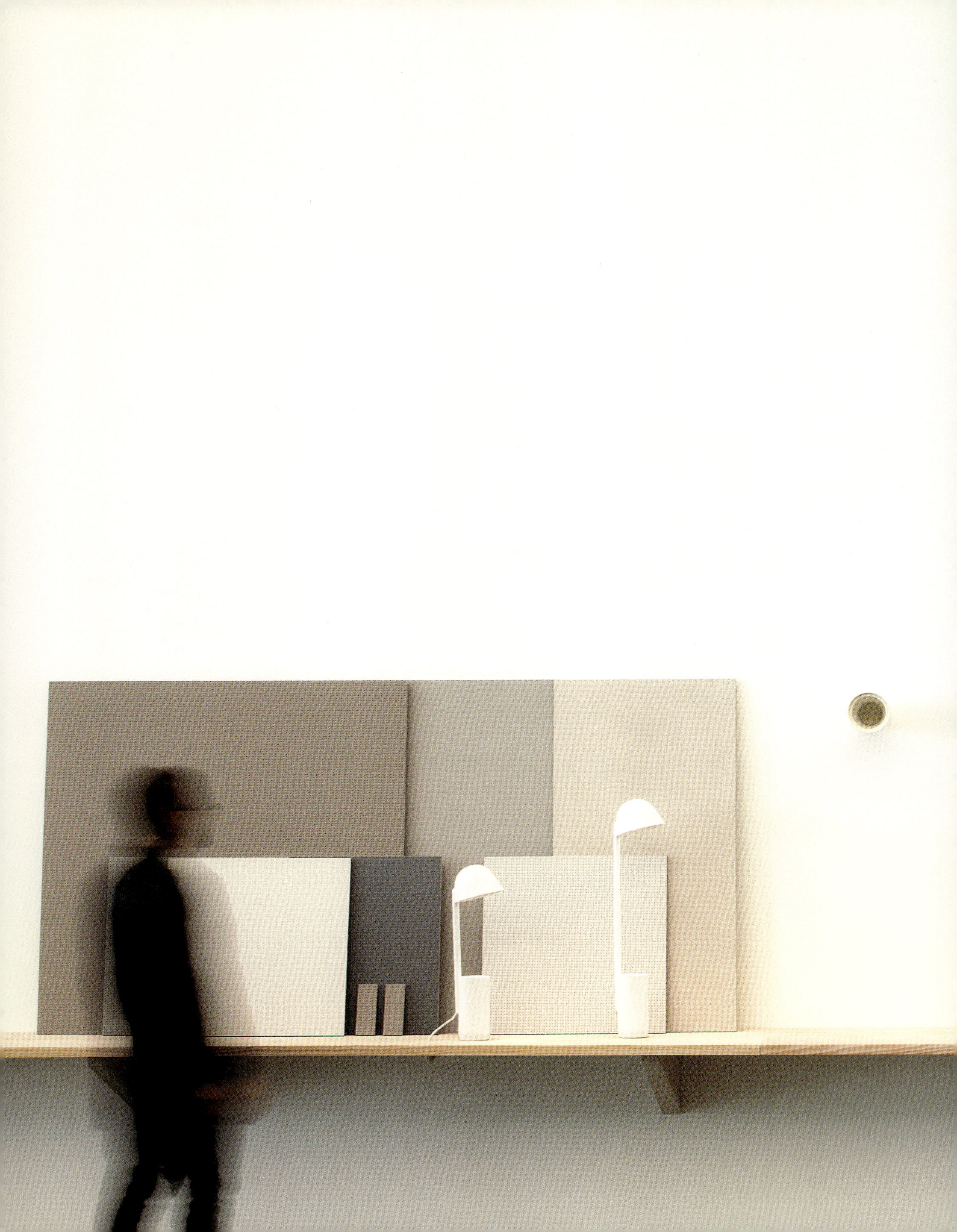

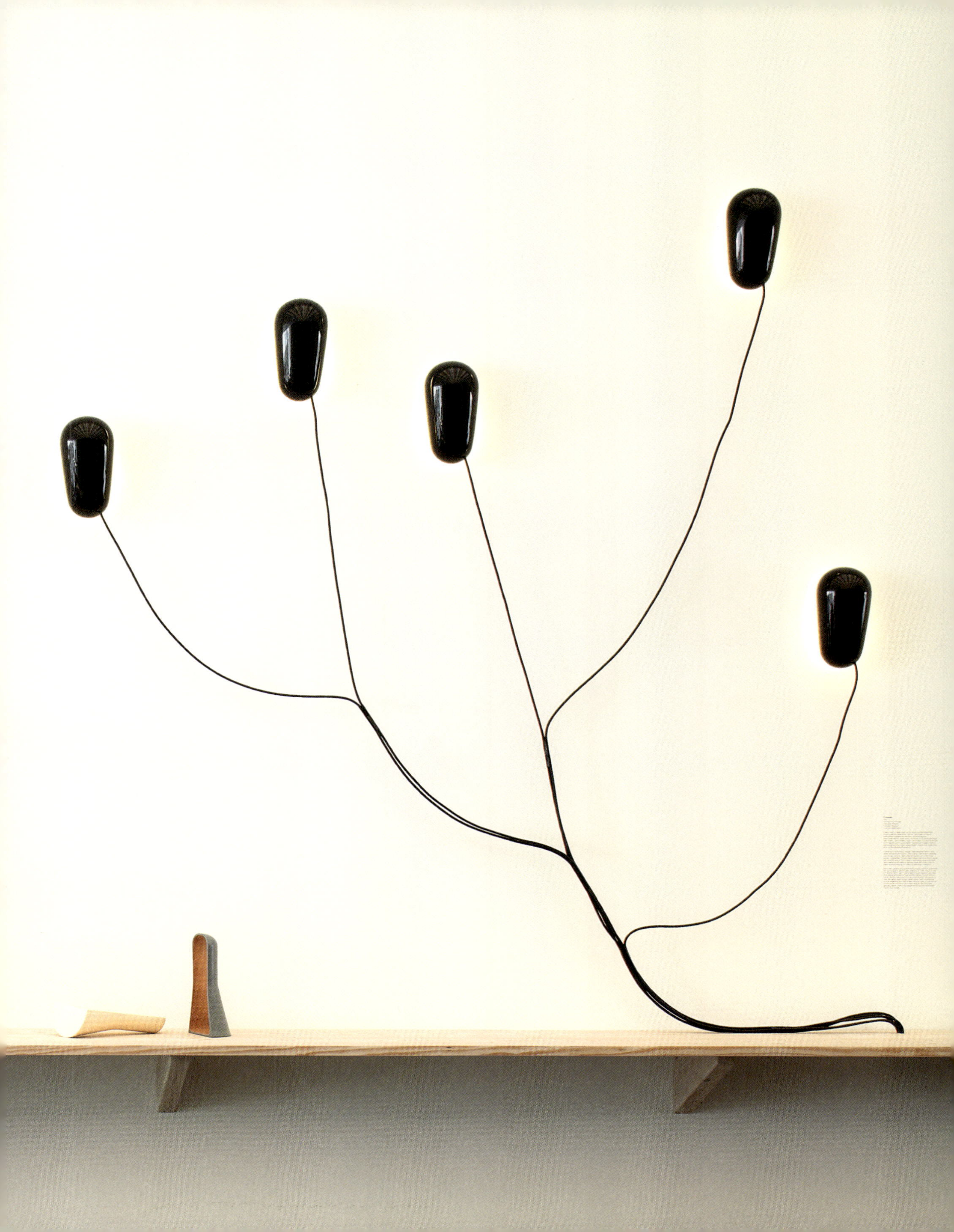

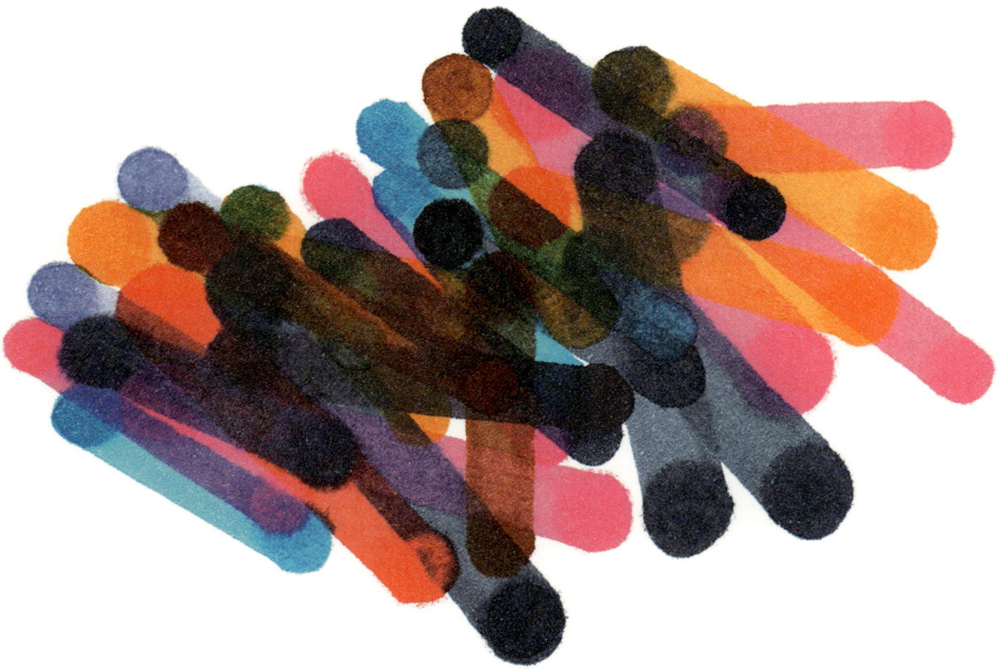

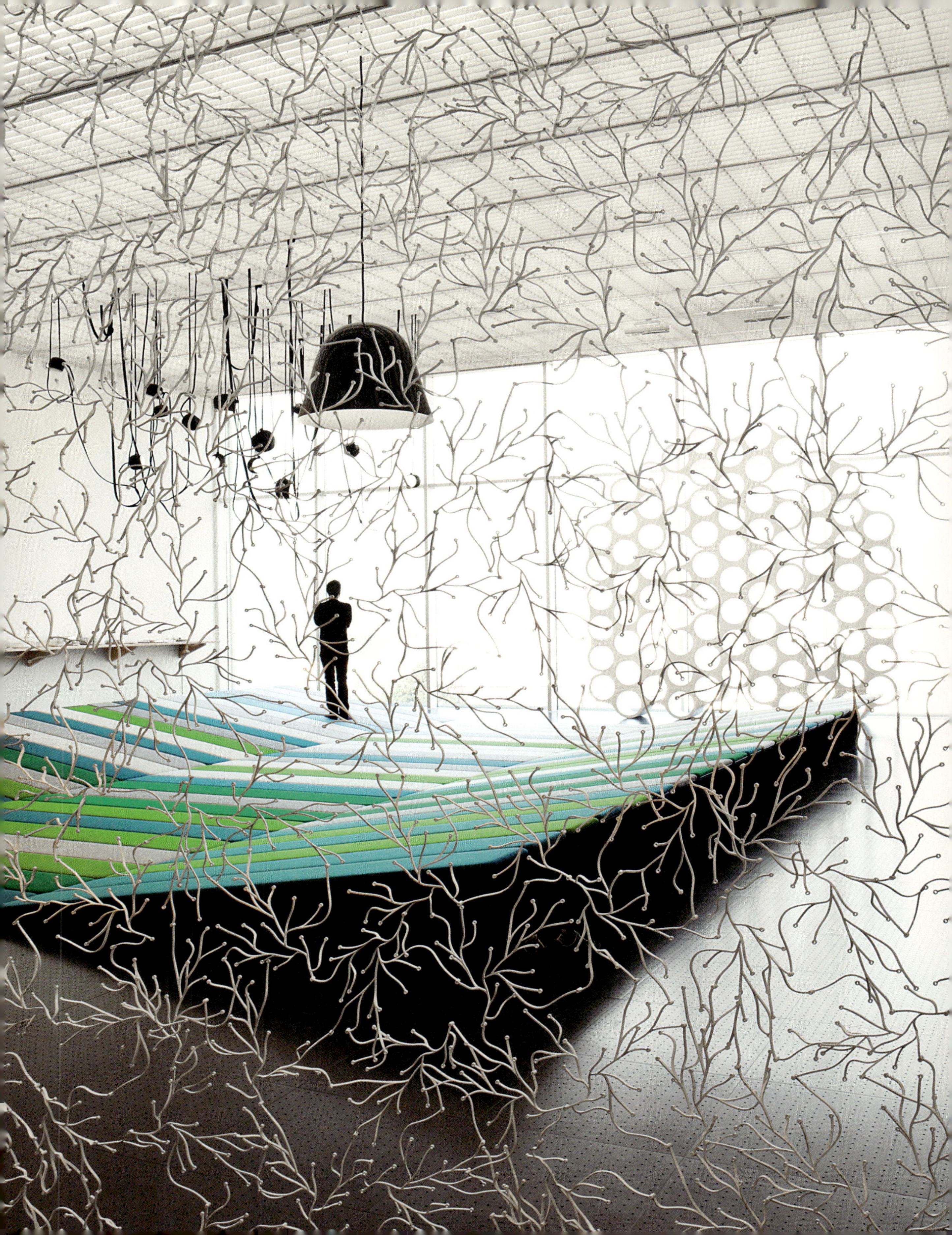

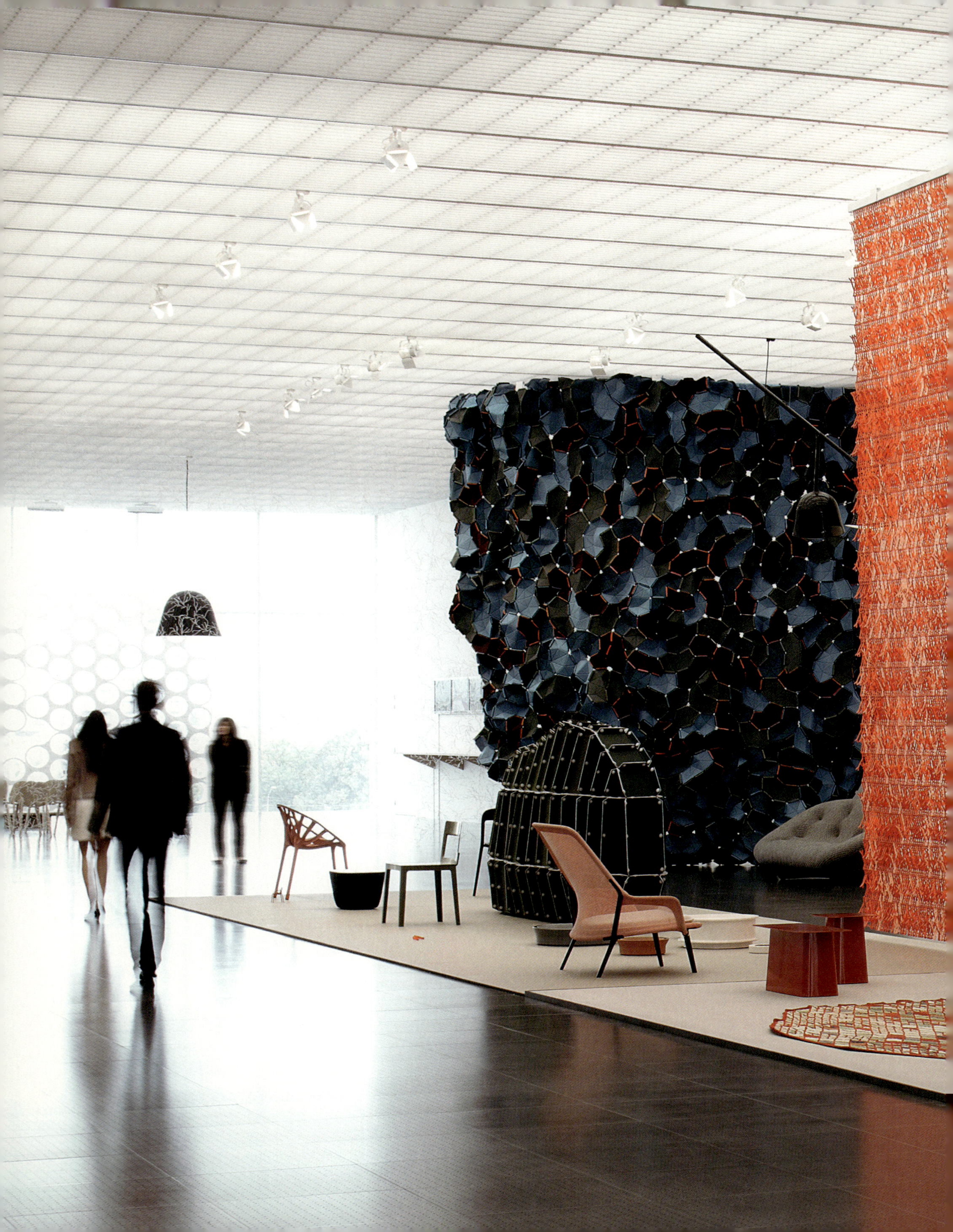

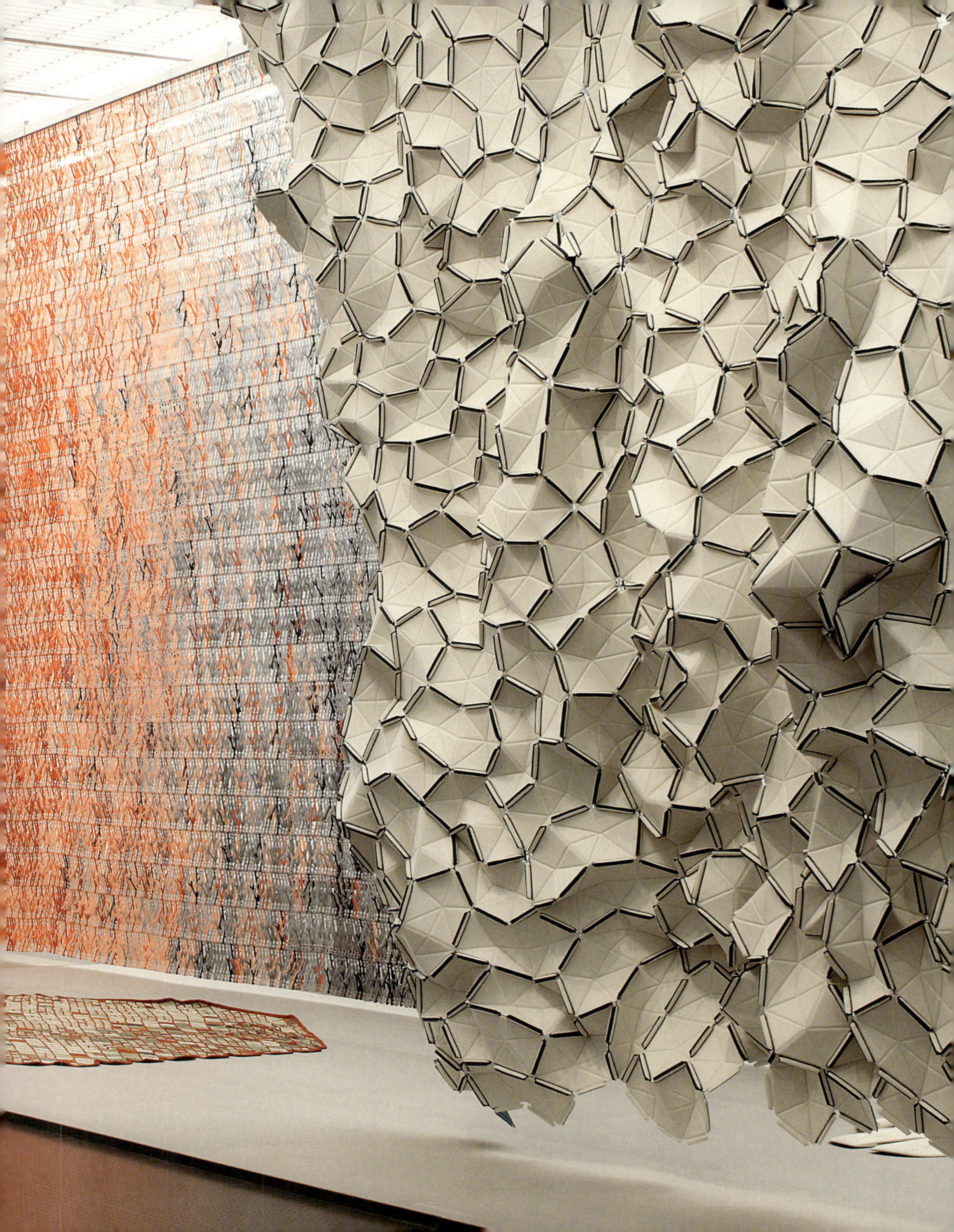

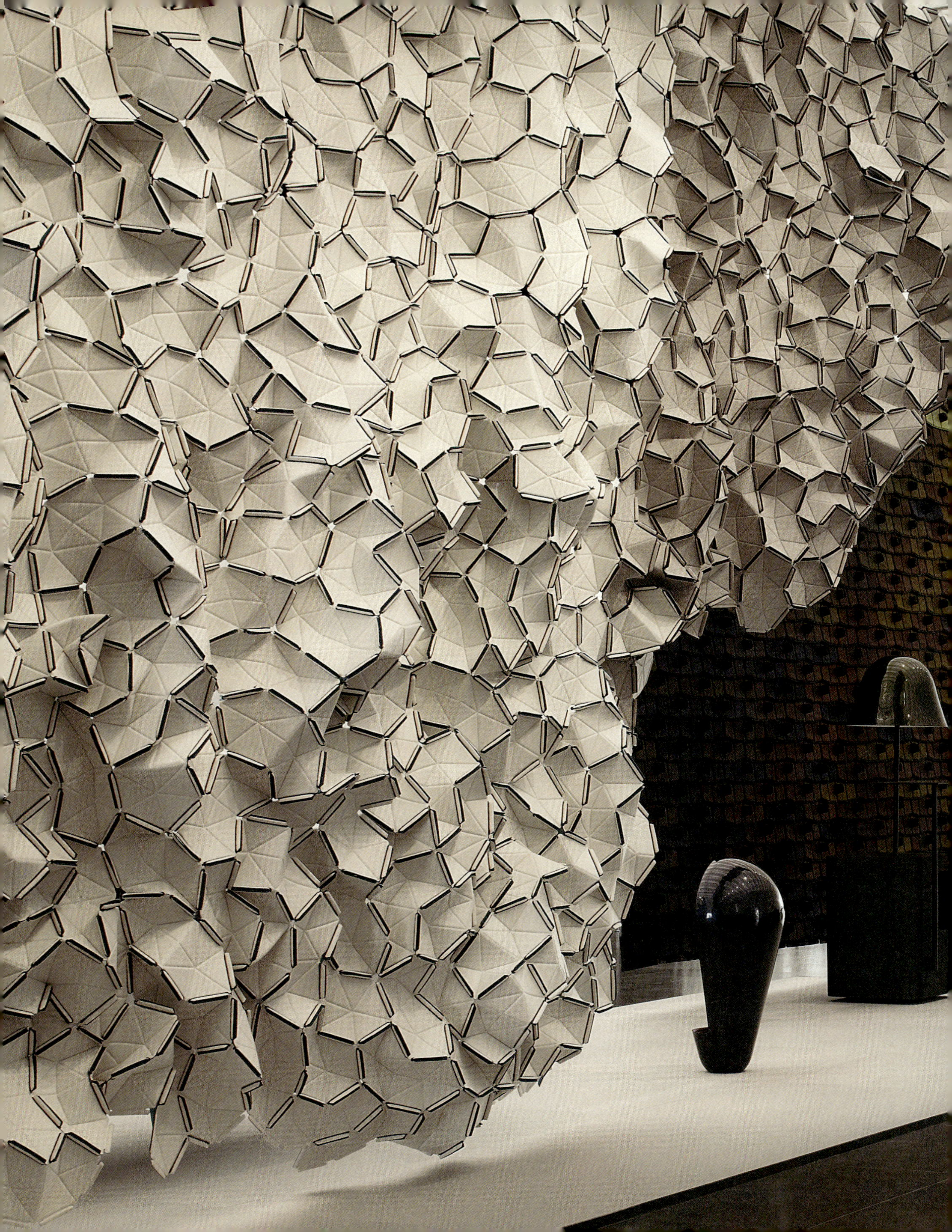

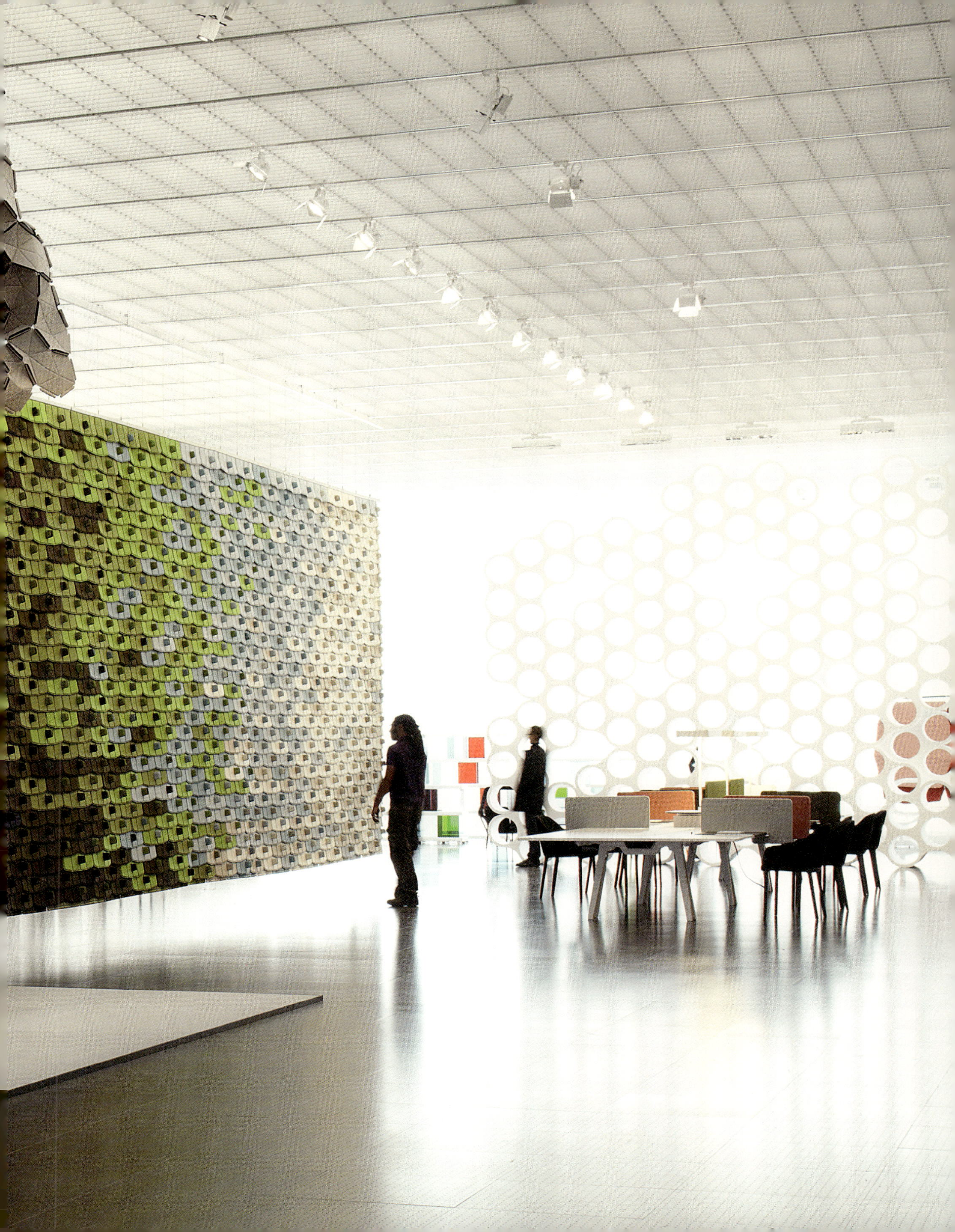

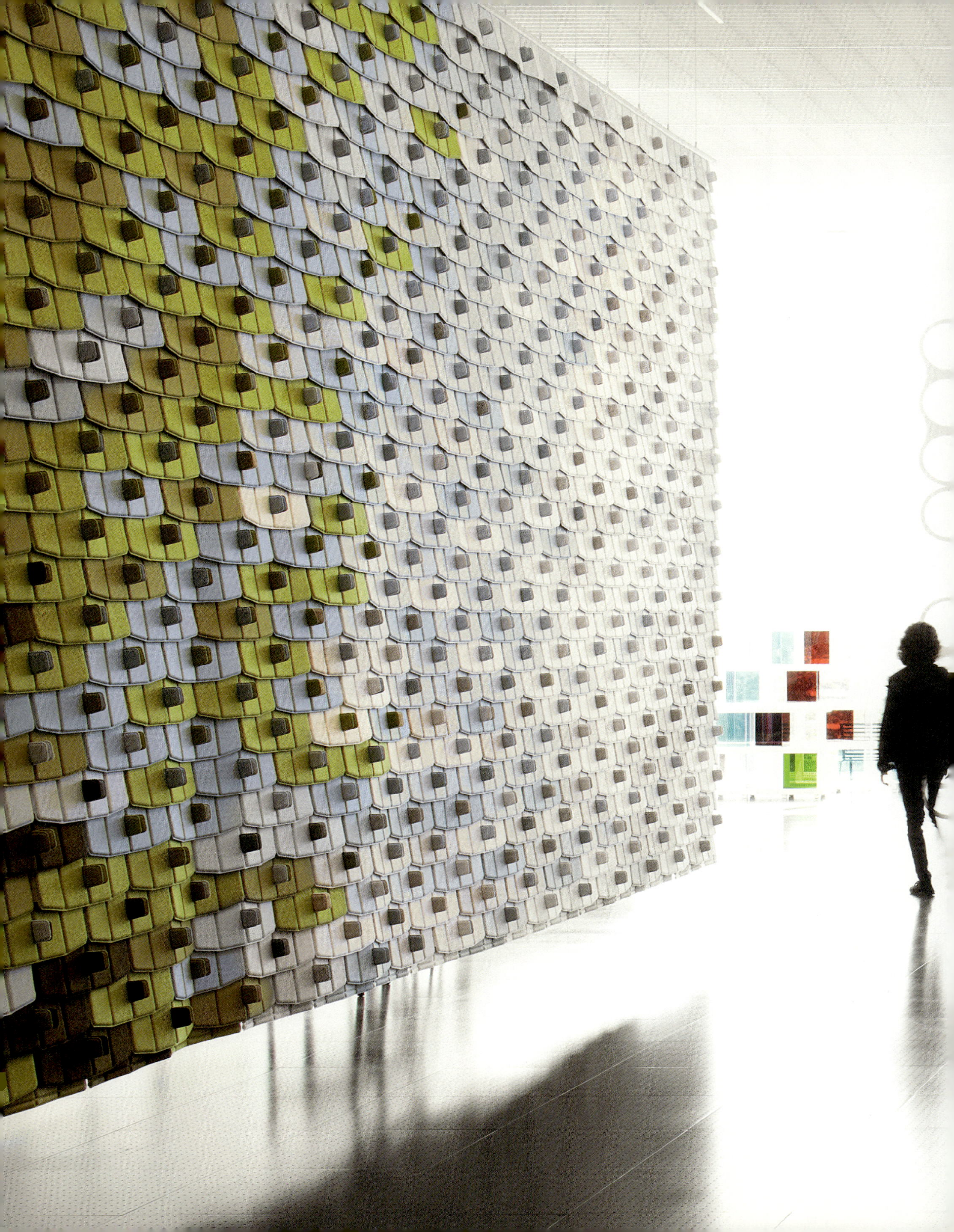

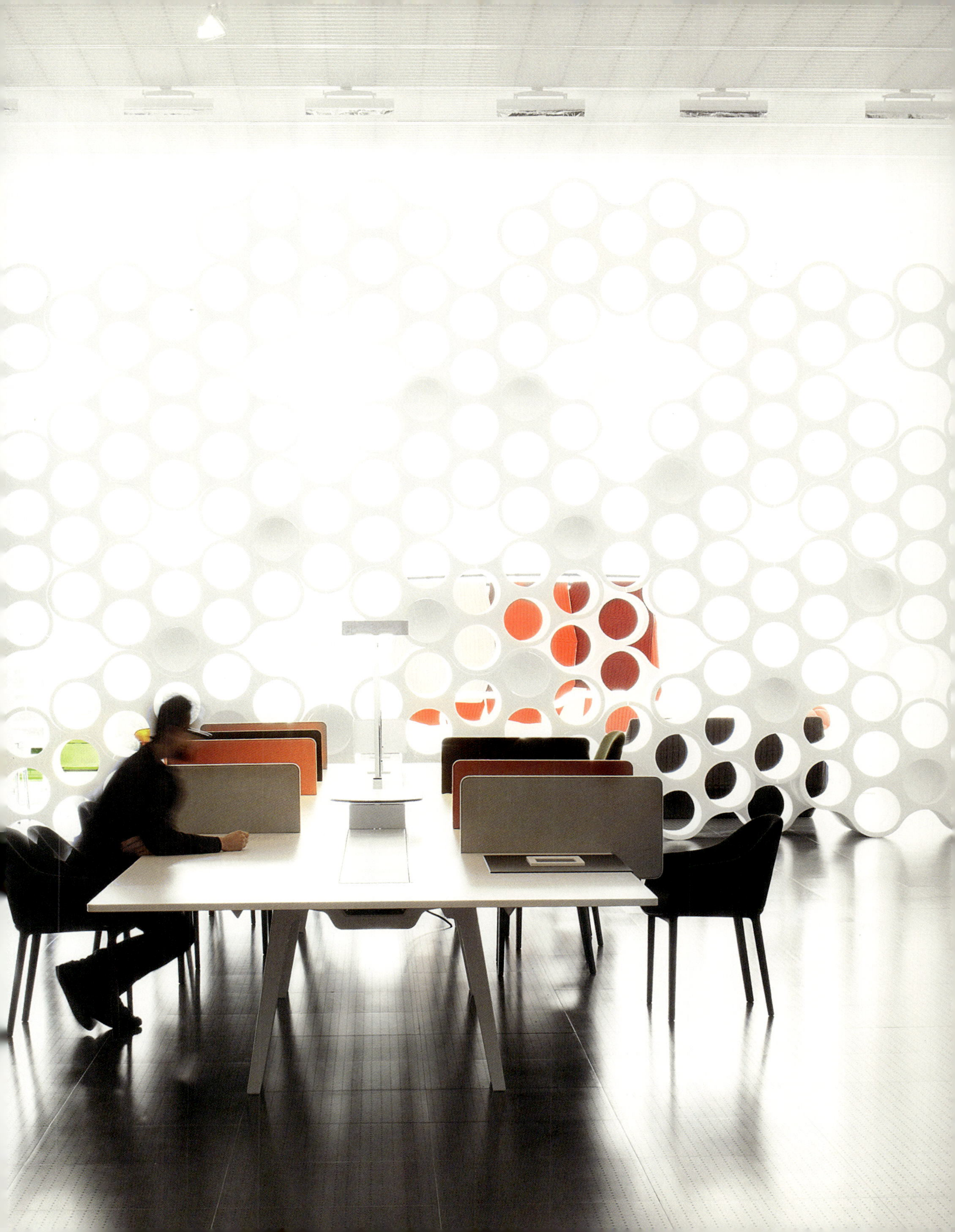

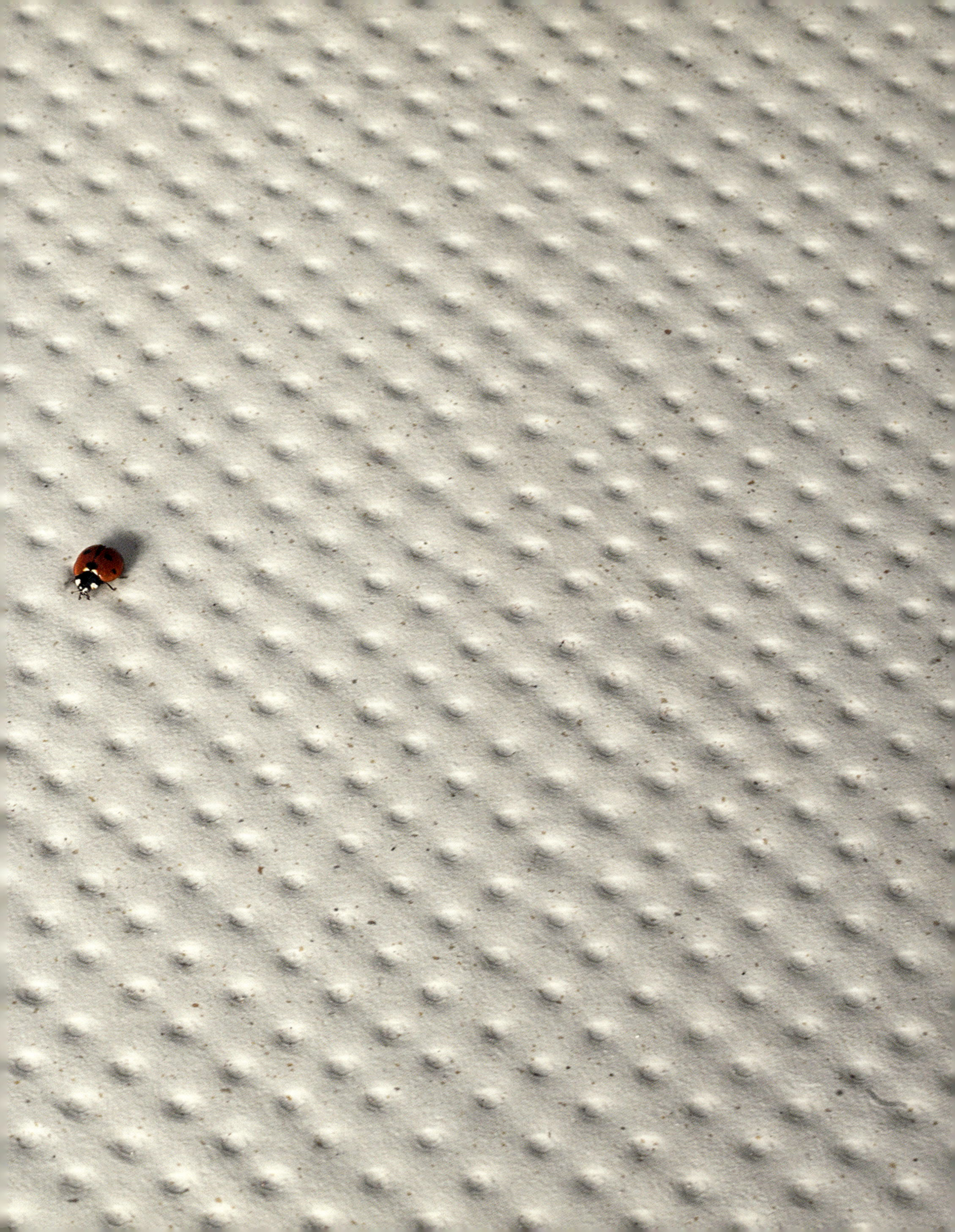

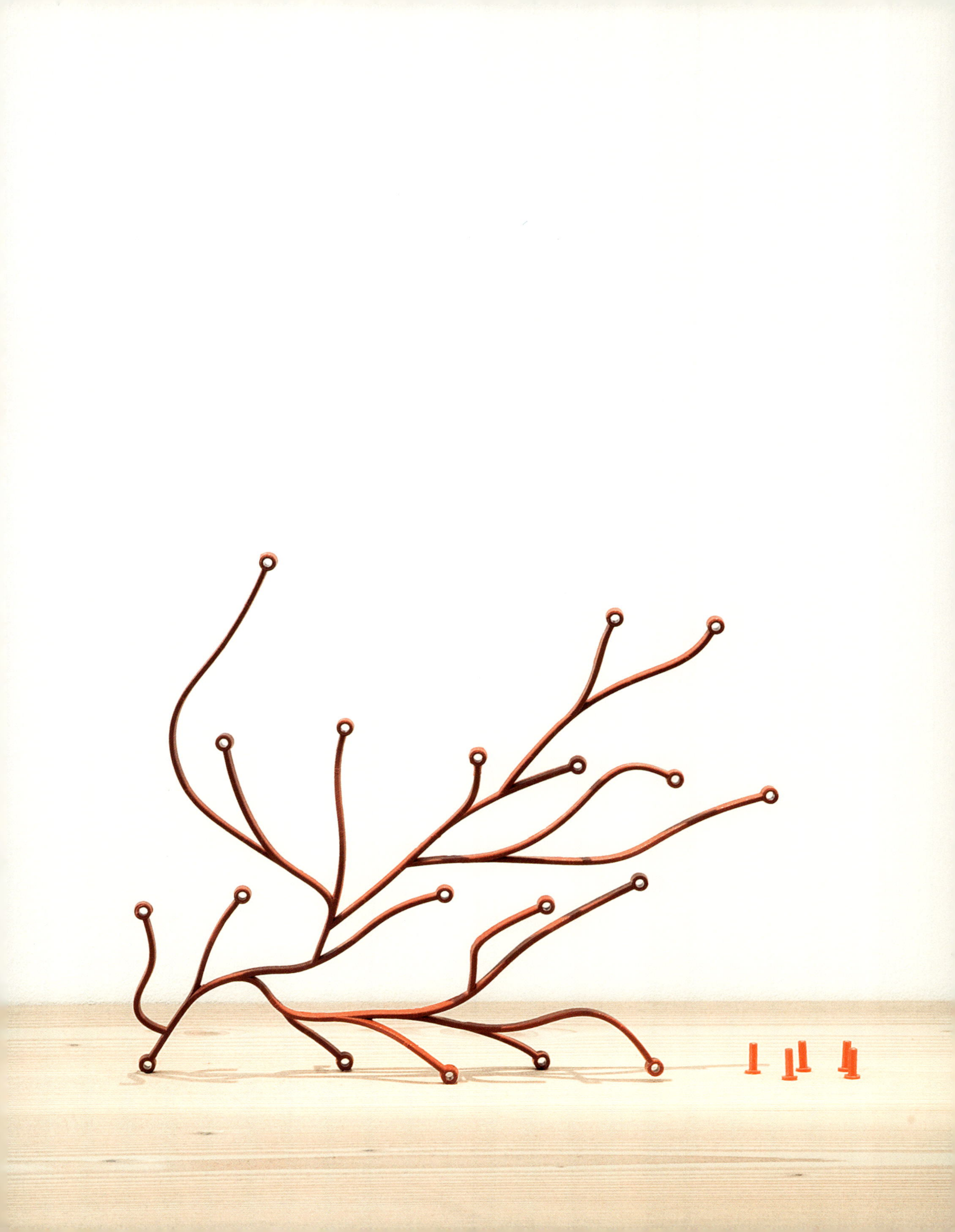

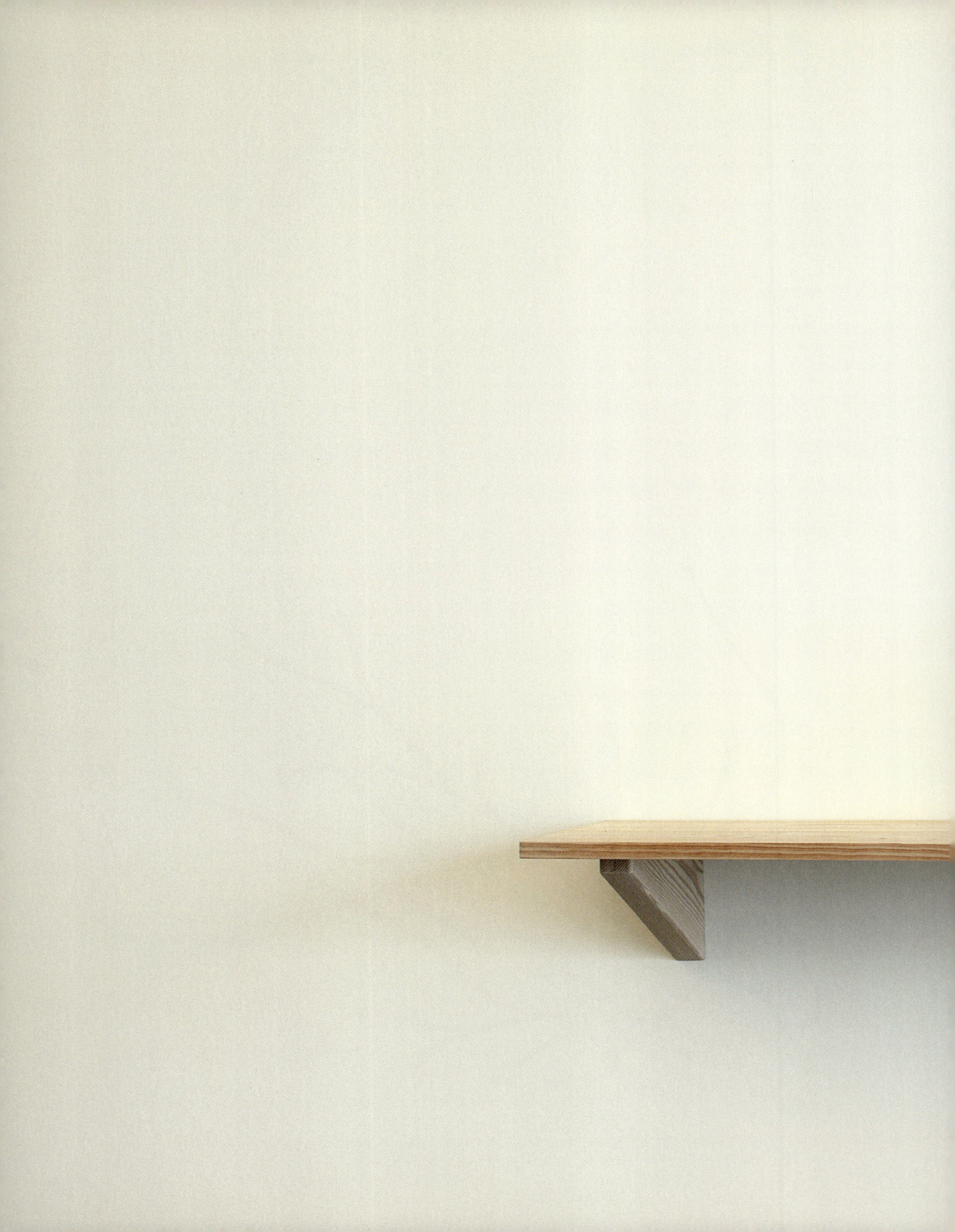

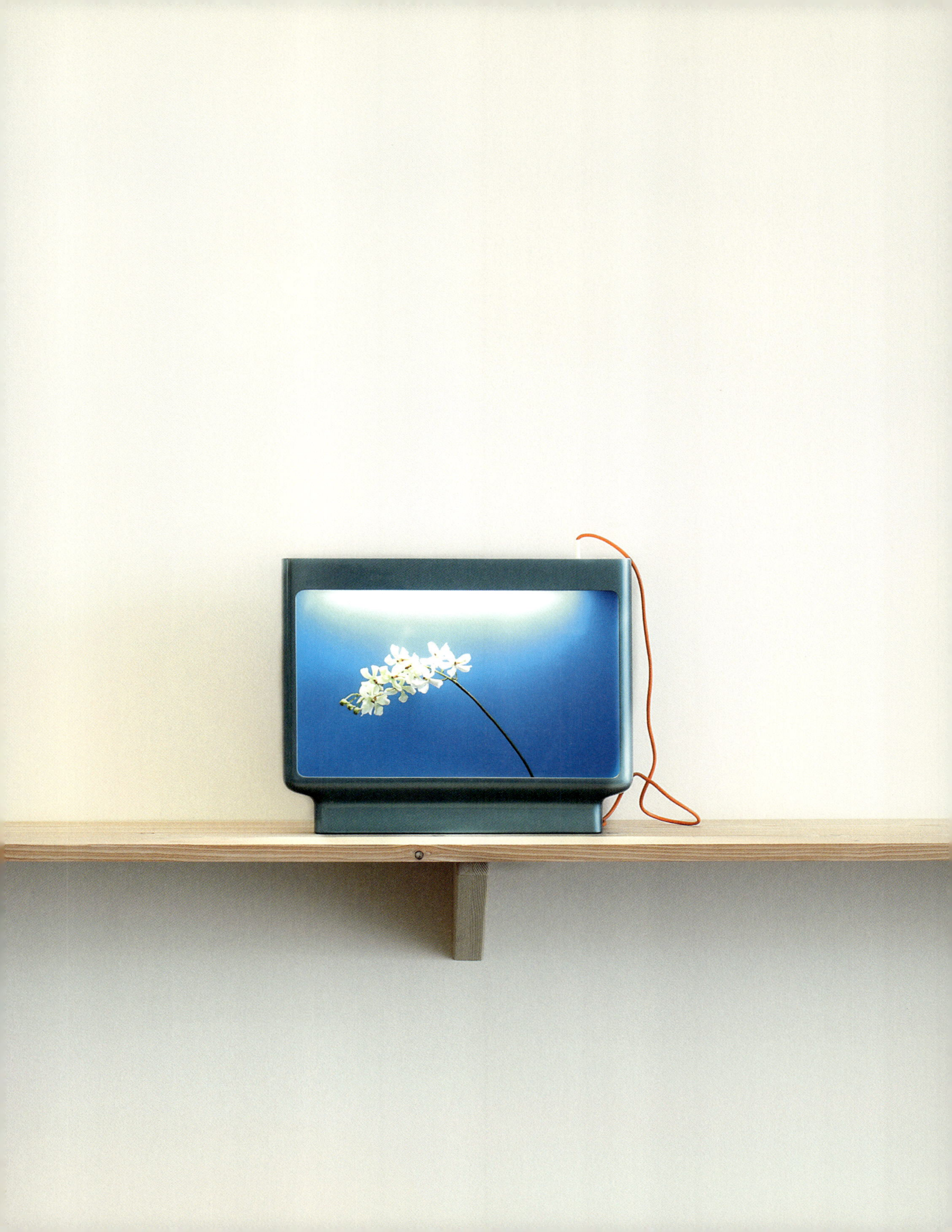

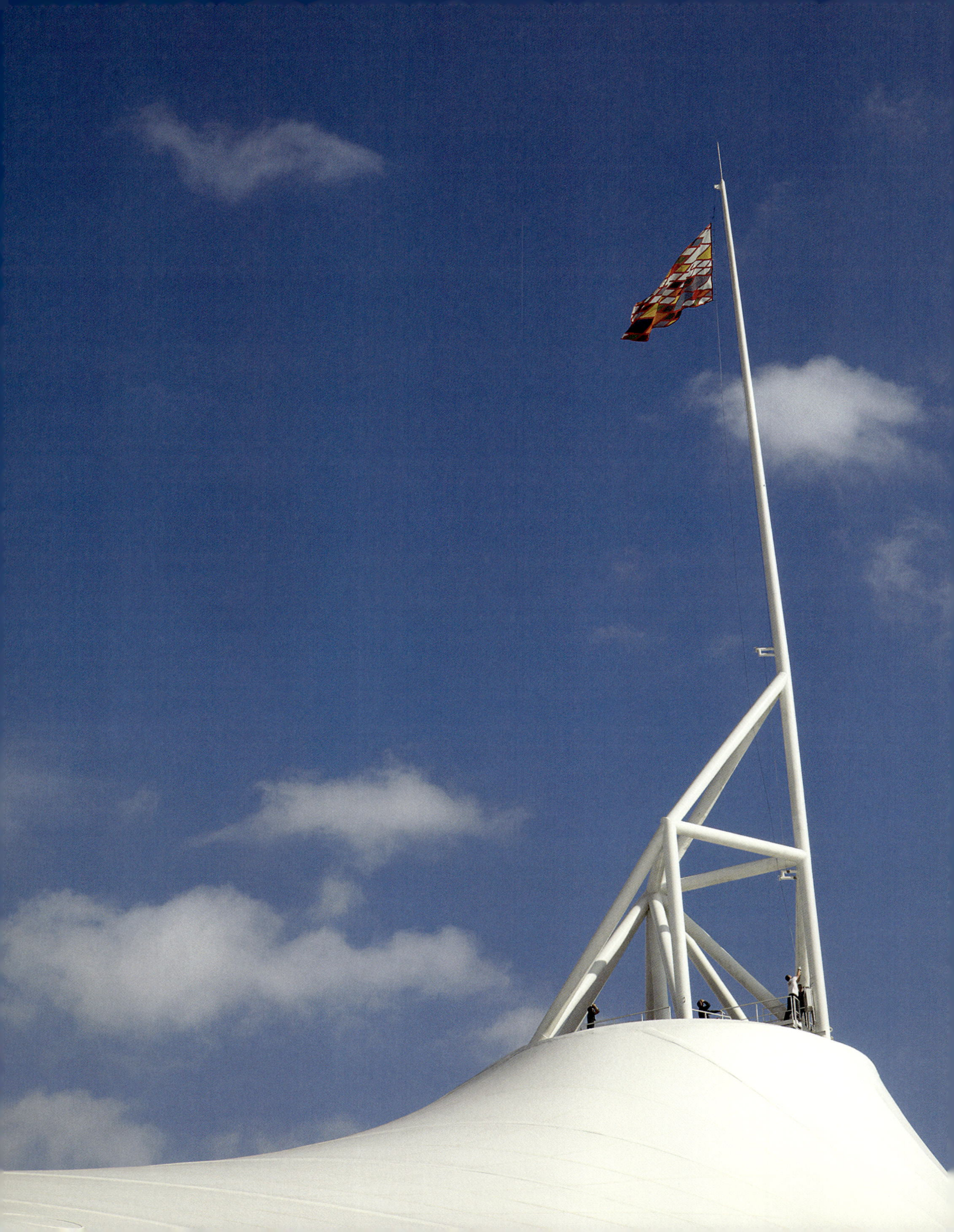

AVANT-PROPOS

Invités à réaliser leur première grande monographie dans une institution publique française, Ronan et Erwan Bouroullec présentent au Centre Pompidou-Metz, d'octobre 2011 à juillet 2012, une sélection de leurs productions réalisées au cours des quinze dernières années. Alternant jeux d'échelle, de transparence et de superposition, l'exposition, intitulée *Bivouac,* a été conçue sans le support d'aucun autre élément scénographique que leurs propres créations.

À travers le parcours international de Ronan et Erwan Bouroullec, cette première exposition monographique proposée par le Centre Pompidou-Metz, en mettant à l'honneur le design, s'inscrit dans la fidélité à la pluridisciplinarité fondatrice du Centre Pompidou. Riche d'un fonds de plus de quatre mille objets, prototypes et dessins préparatoires, la collection design du Centre Pompidou a su accompagner le parcours des deux frères. Ainsi, le vase *Soliflore*, réalisé à l'aube de leur carrière puis produit par Cappellini, est entré dans les collections dès 1997 et côtoie d'autres pièces clés présentes dans l'exposition telles le *Lit clos*, la chaise *Hole*, les parois *Twigs* et les *Algues* ou encore les *Tiles*.

Installé dans la spectaculaire, et déjà emblématique, Galerie 3 du Centre Pompidou-Metz, le *Bivouac* merveilleux des frères Bouroullec se déploie au fil des pages de cet ouvrage. Éphémère et transitoire par essence, envisagée par les designers comme un état possible de leurs recherches, comme un instantané d'une pensée nomade, l'exposition trouve ainsi un prolongement dans cette édition qui fait la part belle aux vues d'accrochage. À l'instar du parcours effectué dans la galerie, le présent ouvrage est une déambulation entre projets de recherche et objets finis, productions industrielles ou artisanales. *Bivouac* met ainsi en évidence la grande variété des créations de Ronan et Erwan Bouroullec et l'économie de production avec laquelle ils travaillent. Les collaborations avec les plus grands éditeurs de design y croisent des objets uniques, des étapes de recherches et près de trois cents dessins libres spectaculairement accrochés dans la galerie.

Je tiens à remercier Ronan et Erwan Bouroullec qui ont su manier exigence, générosité et sensualité dans cette proposition qui offre un dialogue onirique, merveilleux et léger avec l'architecture du Centre et avec le paysage messin.

Alain Seban
Président du Centre Pompidou-Metz

À LA RENCONTRE DES BOUROULLEC

Alice Rawsthorn

Ma première rencontre avec Ronan Bouroullec eut lieu en mai 2000 à Paris, au Café Français, place de la Bastille. Alors âgé de 28 ans, Ronan avait la même allure qu'aujourd'hui – mince, les traits fins, le regard décidé et des cheveux bouclés coupés court, de cette couleur que les Anglais appellent « blond sale » –, sauf qu'il était encore plus maigrichon et pâle, et qu'il manquait encore plus d'assurance. Il parlait très doucement, comme à son habitude, mais avec une telle hésitation, en engouffrant son croque-monsieur, que je m'en suis voulu de l'interroger.

J'avais demandé à rencontrer Ronan afin de présenter son travail dans le *Financial Times,* dont j'étais alors la critique de design. Certaines de ses premières réalisations avaient été publiées dans des revues de design et semblaient d'un raffinement inhabituel pour un designer si jeune, tant par la rigueur avec laquelle il avait élaboré les concepts originaux que par leur exécution. Je fus également intriguée par la générosité de son travail, souvent destiné à être personnalisé par l'utilisateur, ce qui était rare à l'époque. On pouvait emboîter les pièces de ses *Vases combinatoires* en polypropylène afin de créer des vases de diverses tailles et formes, ou encore agrandir ou réduire sa *Cuisine désintégrée* en lui ajoutant ou en lui ôtant des éléments au gré des besoins culinaires, voire la démonter pour l'emporter dans une nouvelle maison.

Notre rencontre se passa quelques semaines après le Salon du meuble de Milan, où j'avais découvert le *Lit clos,* une sorte de cabane à dormir surélevée conçue pour la firme italienne Cappellini par le frère cadet de Ronan, Erwan. Celle-ci répondait à la même esthétique spartiate que les objets de Ronan : simple, mais hardie. Elle constituait une parfaite évocation des souvenirs d'enfance comme grimper à une cabane dans les arbres, mais présentait aussi un aspect pratique, en particulier pour des jeunes gens comme les Bouroullec, qui, à 20 ans et quelques, vivaient et travaillaient dans un même espace ouvert tout en désirant séparer quelque peu l'endroit où ils dormaient de celui où ils œuvraient.

Ronan m'expliqua qu'Erwan s'était mis à travailler avec lui l'année précédente, à la sortie de son école d'art, d'abord comme assistant, puis, plus récemment, en produisant ses propres pièces, au grand dam de leurs parents. La famille Bouroullec est issue d'une longue lignée d'agriculteurs installés près de Quimper. Selon lui, Ronan ne s'était distingué ni au lycée local ni à la première école d'arts appliqués parisienne où il avait étudié, mais il s'était épanoui à la seconde, l'École nationale supérieure des arts décoratifs. Erwan, lui, avait été un élève brillant et ses parents avaient nourri l'espoir de le voir devenir médecin ou ingénieur. Mais Erwan avait tenu à aller à l'école d'art et à rejoindre Ronan, qui, depuis son diplôme des Arts déco, vivotait grâce à des bourses de l'État tout en essayant de se lancer, installé dans un box peu reluisant à Saint-Denis.

Ronan avait eu besoin de l'aide d'Erwan car Giulio Cappellini, l'industriel italien qui avait défendu une série de brillants créateurs de meubles, dont Jasper Morrison et Marc Newson, se proposait de fabriquer certains de ses tout premiers modèles, après avoir vu la *Cuisine désintégrée*, en 1998, dans une exposition à Paris. Cappellini avait aussi édité de nouvelles pièces des deux frères, qu'il s'agisse de la *Hole Chair* (en aluminium), de la *Spring Chair* (rembourrée) ou du *Lit clos.* Ils avaient aussi reçu d'autres commandes, notamment pour *Torique*, une belle collection de céramiques produites avec un potier de Vallauris, Claude Aïello.

En tant que critique de design, je suis amenée à rencontrer des quantités de jeunes designers ambitieux et talentueux, mais le design est une discipline tellement exigeante et le monde du design connaît une telle concurrence que peu d'entre eux voient leurs efforts couronnés de succès, aussi obstinés soient-ils. Les rares qui réussissent – je veux dire qui réussissent *vraiment,* sur un plan international, en produisant un travail tellement fort et particulier qu'il change la vie d'une façon ou d'une autre – y parviennent pour des raisons si différentes qu'il serait vain de généraliser. Cependant, selon ce que j'ai pu observer, tous possèdent trois qualités incontournables : a) la capacité de créer un style bien à eux, qui ne soit pas seulement cohérent, mais applicable à toute une gamme de produits, matériaux et procédés différents ; b) une confiance totale en leur propre travail ; c) une volonté absolue de le réaliser.

Lors de mes premières rencontres avec Jasper Morrison et Marc Newson, à des stades tout aussi précoces de leurs carrières, ils m'avaient semblé avoir toutes ces qualités et toutes les chances de réaliser leurs ambitions et d'épanouir leur potentiel. Et, en dépit de son manque d'assurance, j'ai ressenti exactement la même chose au Café Français face à ce jeune Français timide à la voix si douce. Il semblait extrêmement fort et résolu, et en pleine possession de ses moyens. Le lendemain, chez Colette, je tombai sur deux des carafes que les deux frères avaient exécutées pour *Torique* à Vallauris, et je les achetai.

Leur travail ultérieur s'étant révélé tout aussi convaincant, lorsque je pris la direction du Design Museum de Londres, l'année suivante, les Bouroullec se retrouvèrent sur la très courte liste de designers contemporains qu'il nous fallait, selon moi, faire connaître au grand public par une exposition.

Ce fut au cours des recherches et de la préparation de cette exposition que je fis la connaissance d'Erwan, qui ressemblait – et ressemble toujours – beaucoup à Ronan, quoique plus à l'aise en société en vertu d'un esprit plus léger, plus enjoué et plus malicieux que son aîné. (Ayant moi-même un petit frère délicieusement espiègle, j'ai toujours été charmée par Erwan, et j'ai sympathisé avec Ronan.) Si le psychodrame des frères et sœurs est toujours palpitant, de toute évidence, les Bouroullec se complétaient parfaitement l'un l'autre et, bien que se chamaillant sans cesse, ils étaient unis par un solide lien tacite.

Monter une exposition est terriblement éprouvant. À mesure que les délais se resserrent et que surgissent des problèmes inattendus, on en vient à mieux connaître ses collaborateurs, pour le meilleur ou pour le pire. Travailler avec Ronan et Erwan fut un plaisir, car ils furent invariablement aussi francs et fiables que pragmatiques, attentionnés, débrouillards, amusants et gentils. Et en dépit du succès et de la reconnaissance dont ils ont joui depuis, ils n'ont pas changé d'un iota.

Traduit de l'anglais par Marc Phéline

Alice Rawsthorn est critique de design à l'*International Herald Tribune*.

L'AIR ET L'INFORMATION

Éric Troncy

Les modalités selon lesquelles une exposition se présente à nous, s'adresse à nous, c'est-à-dire cet ensemble de décisions qui comprend aussi bien son titre, la mise en scène des objets quels qu'ils soient tout autant que leur choix, sa géographie, le matériel pédagogique dont elle se fait devoir de s'encombrer parfois – comme si elle ne nous faisait pas assez confiance pour la percevoir, comme si elle ne se faisait pas assez confiance pour s'exprimer –, sa scénographie bien sûr, puisque, aujourd'hui, elle semble devoir primer sur le reste, bref, le langage propre de l'exposition, nous renseignent toujours, immanquablement, sur la nature même des objets exposés et sur la nature du rapport qu'entretient avec eux l'auteur de l'exposition. De la même manière, les modalités selon lesquelles un objet ou une œuvre s'adresse à nous (dans cette circonstance comme dans tant d'autres, il me semble que cette distinction n'a parfois plus de sens aujourd'hui) nous renseignent sur l'auteur de cet objet ou de cette œuvre tout autant que sur l'idée qu'il se fait de nous.

À toutes les hypothèses théoriques que l'exposition, cet événement, suscita dans l'accompagnement de son expansion et de sa prolifération – celle relative au musée de l'accident de Paul Virilio au milieu des années 1980 d'« effectuer un nouveau genre de scénographie où ce qui s'expose c'est seulement ce qui explose ou se décompose[1] », celle de Jean Baudrillard selon laquelle nous n'allons pas au musée pour voir les œuvres mais pour être vus par elles –, ajoutons celle-ci : les expositions désormais nous renseignent sur la dignité de notre qualité de spectateur, de la même manière que le font les objets ou les œuvres. Certaines nous tutoient, d'autres nous vouvoient, certaines convoquent chez nous des qualités, d'autres préfèrent la commodité de nos défauts, les unes nous encouragent, les autres nous affaiblissent, certaines nous sollicitent et d'autres nous contraignent… Idem des objets et des œuvres qui, c'est selon, flattent nos bassesses où s'adressent à nos exceptions, s'encombrent de préambules ou y vont plutôt franchement, nous rappellent à notre imaginaire, à notre capacité onirique ou font juste bien leur travail.

Que l'exposition de Ronan et Erwan Bouroullec s'intitule « Bivouac » – quand pourtant elle se déploie sur plus de 1000 m² du Centre Pompidou-Metz et célèbre, en s'en défendant un peu, quinze années de travail – n'est pas étranger à la manière dont on la perçoit ; son statut littéral de « campement temporaire », loin d'être le signe d'une modestie affectée, posé comme une forme de préambule à ce que l'on va voir, livre tout de go la réalité d'une incertitude – et quelques convictions. Rien ici ne sera donc établi, tout sera provisoire, de l'ordre de l'étape, et il y a fort à parier qu'il ne sera pas question de « glamping » (l'infortunée contraction de « glamour » et de « camping » dans un magazine féminin du mois de septembre). C'est à l'appui de cette intuition que se conçoit la scénographie, plus exactement son absence (en tout cas selon les habitudes de l'exposition en général et de celle dévolue au design en particulier), puisque les objets exposés eux-mêmes et eux seuls marquent et structurent l'espace avec autant de délicatesse et d'aplomb que les plantes en pot dans la *Flower House* de Kazuyo Sejima et Ryue Nishizawa. Ces objets (ces créations, ces productions, ces œuvres) sont donc ici sans fard, dans une sorte de dénuement organisé avec la ferme intention, lisible, de requalifier l'inévitable négociation entre eux et le regard.

Le rapport entre l'homme et les objets est un rapport opaque, tout n'apparaît pas à la lumière du Soleil. Certains objets portent bonheur, d'autres non. La culture du projet a perdu ce charisme et, dans un univers de plus en plus aseptisé et de masse, ce sont les objets qui se chargent de ce témoignage, grâce à leur fonction chamanique qui connecte la réalité quotidienne à une dimension plus profonde et inexplorée[2].

Je convoque ici à dessein Andrea Branzi, qui ailleurs parlait d'une « architecture correspondant à une société démocratique, fluide, faible, élastique et dépourvue d'idéologies, qui produit des projets comme résultat d'une énergie génétique diffuse et privée de métaphysique[3] ».

Ainsi sont les créations de Ronan et Erwan Bouroullec, qui se battent avec une très élégante discrétion contre l'inévitable polysémie des objets, et de ces objets les astuces et les stratégies ordinaires, pour se concentrer sur probablement *autre chose* : quelque chose de l'ordre de cette « dimension plus profonde et inexplorée » dont l'œuvre d'art « dématérialisée », par exemple, n'aura même pas saisi l'occasion pour se « re-matérialiser ». Naturellement, nombre d'entre elles s'attachent tout d'abord à laisser la possibilité d'une reconfiguration de l'espace (*Brick*, 2000 ; *Grape Carpet*, 2001 ; *Cloud Module*, 2002 ; *North Tiles*, 2006 ; etc.). Le module *Algues* (2004), par exemple, qui connut le spectaculaire succès que l'on sait, et dont l'usage est souvent strictement décoratif, offre pourtant très précisément cette possibilité, et lorsqu'il est présenté par Ronan et Erwan Bouroullec eux-mêmes, cet ensemble d'algues prend plus souvent la forme de volumes irréguliers, donnant à cette « expansion » un caractère plus inquiétant et, en effet, avec autant de certitude que les algues vertes asphyxient les océans, ces *Algues* indiquent clairement qu'à trop vouloir découper l'espace, on l'étouffe. Comme dans les *Stacks* de Félix González-Torres, où le désir de possession, rendu possible, d'une feuille de papier « fétiche » composant une œuvre conduit le spectateur à en assumer le titre souvent encombrant, le désir d'expansion des algues n'est pas sans conséquences. Comme ces titres, au fond, que Ronan et Erwan Bouroullec empruntent à la nature (*Clouds*, *Algues*, *Lianes*, *Soft Shell*) et dont l'usage, pour eux comme pour nous, suppose un accord de *responsabilité*.

En privant des objets de leur valeur d'usage, l'exposition est au design un événement d'autant plus inconfortable que les objets en question s'expriment d'autant mieux que leur usage modifie celui qui s'y risque. Forcément réduits à l'état de constats, ou de témoins, les objets de Ronan et Erwan Bouroullec sont donc ici en un « bivouac », comme arrêtés pour la nuit dans un parcours. L'intervention des deux frères au Victoria and Albert Museum de Londres pendant le London Design Festival, en septembre 2011, donne à la fois la mesure et l'ambition de cet usage. L'installation spécifique *Textile Field*, dans une imposante salle d'exposition du V&A, d'une tout aussi imposante structure au sol (30 × 8 mètres), comme légèrement repliée sur les côtés, plus simplement sculptée qu'un avion furtif mais pour autant entretenant avec l'air et l'information un rapport tout aussi ambigu ; son revêtement de tissus organisé en modules bleutés, comme une sorte d'océan pixelisé ; l'indiscutable requalification qu'elle inflige à l'espace et au déplacement ; la responsabilité qu'elle suppose (regarde-t-on un retable, ou des peintures de Raphaël, allongé ?) et la liberté qu'elle indique (pourquoi ne pas regarder les œuvres ainsi pendant un temps défini dans la vie de ces œuvres ?) ; le cérémonial qu'elle implique (se déchausser dans un musée) ; l'expérience qu'elle propose (on pense au *Sol mou* de Pierre Joseph en 1991, déployé à l'échelle d'une salle et qui contrariait la stabilité des spectateurs) ; la féminisation qu'elle applique à la virilité de l'espace : tout concourt ici finalement à l'articulation d'un autre moyen pour regarder des œuvres d'un autre temps, en redéfinissant les relations intimes entre le spectateur et l'objet de sa contemplation, avec l'ambition de rendre à nouveau possible une expérience usée.

Dans le mouvement qui les conduit naturellement des galeries (où ils apparaissent souvent initialement, sous une forme pas si préliminaire que ça) vers une production plus organisée où parfois leur matière est échangée contre une autre, curieusement, les objets de Ronan et Erwan Bouroullec ne perdent pas cette ambition démesurée de ne pas s'adresser uniquement à la raison mais d'exciter aussi l'esprit, de solliciter nos capacités réformatrices – cette dignité, en vérité, qui doit être chez nous la seule adresse des œuvres d'art.

Éric Troncy est critique d'art, commissaire d'exposition, rédacteur en chef de la revue *Frog* et codirecteur du centre d'art contemporain Le Consortium à Dijon (France).

1. Paul Virilio, « Le musée de l'accident », *Art Press*, n° 102, avril 1986, p. 13-14.
2. Andrea Branzi, *Louis XXI, porcelaine humaine*, Paris, Bernard Chauveau Éditeur, 2010.
3. Andrea Branzi, « Pour une architecture enzymatique », trad. de l'italien par Étienne Schelstraete, in *Andrea Branzi*, brochure éditée à l'occasion de l'exposition au FRAC Centre (15 octobre-30 décembre 2004), n. p.

OBJECTHOOD

Valérie Mréjen

Stripe(d). Elle était assez fière de la sonorité étrangère de son nom, même si elle ne savait pas exactement de quel pays lointain il provenait, mais elle avait déjà remarqué plusieurs fois que les gens, en le prononçant, ouvraient lentement la bouche comme dans une ébauche de bâillement et cela lui rappelait chaque fois sa grande utilité car, dès que quelqu'un était un peu fatigué ou avait besoin de s'asseoir, elle était précisément là pour ça. La saison qu'elle préférait était incontestablement l'été : c'était le pic de son activité, son heure de gloire, et il lui arrivait de servir des après-midi entières lorsque les gens venaient lire sous les arbres ou prendre le soleil, totalement détendus et alanguis, et il arrivait même qu'on se batte pour elle lorsqu'il y avait plus de monde que de chaises. Elle ne restait jamais seule très longtemps les dimanches de beau temps. Elle préférait les occupants qui s'approchaient un gros livre à la main, l'air rêveur et mélancolique, car ils restaient longtemps absorbés dans leur lecture-fleuve et s'endormaient même quelquefois, ce qui la comblait de fierté. Mais elle appréhendait toujours lorsque, d'un panier estival en paille, on voyait dépasser des magazines *people* reconnaissables à la dominante rose des pastilles et bandeaux qui parsemaient leurs couvertures, parce qu'à coup sûr il fallait se préparer à du court terme, à supporter la vision d'une consœur utilisée comme repose-pieds, et à entendre des conversations téléphoniques pas toujours passionnantes. Une fois, un enfant de la maison était reparti jouer en laissant derrière lui, ouvert et posé sur l'assise, un livre de bandes dessinées. Il l'avait ainsi retourné pour retrouver plus facilement sa page, et pour éviter que le vent ne se charge à la hâte de finir sa lecture, selon l'une de ses détestables habitudes. Ainsi, *Stripe(d)* avait entrevu quelques dessins, et en particulier celui d'une chaise qui aurait pu être une lointaine aïeule à cause d'un faux air de famille, arborant un panneau

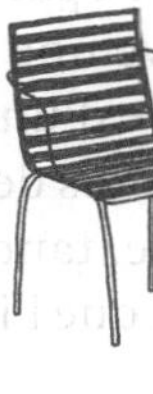

« attention peinture fraîche » et sur laquelle un petit personnage distrait venait pourtant s'asseoir. Sur le dessin d'après, on le voyait se relever, l'habit entièrement rayé, ce qui lui donnait plus ou moins l'allure d'un prisonnier. Elle ne comprenait pas bien le sens de cette scène mais devinait qu'il s'agissait sans doute d'une planche humoristique, et que c'était cette mystérieuse chose, le rire, qui provoquait parfois des secousses mêlées de gloussements, une réaction qu'elle redoutait un peu à cause des vibrations.

Sur une table *Steelwood* se trouvait le *Vase combinatoire*. Il appréciait d'être manipulé par les mains expertes et habiles qui ne cessaient d'essayer des combinaisons, même s'il avait parfois le sentiment de ne plus trop savoir qui il était à force d'être ainsi transformé. Cela faisait partie de sa personnalité, pour ainsi dire, que de devoir s'adapter instantanément à son nouvel aspect :

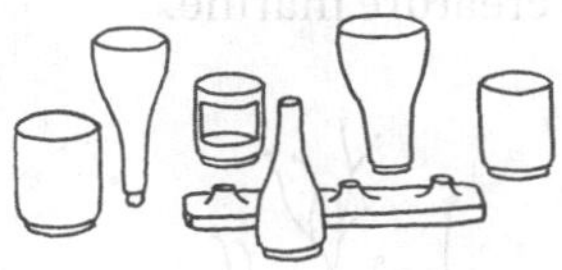

lorsqu'on l'assemblait d'une seule pièce, les éléments empilés en colonne lui donnaient l'allure d'une fière bouteille et il adoptait aussitôt l'attitude élevée qu'exigeait sa nouvelle forme, développant assez vite un penchant exclusif voire possessif envers la fleur à haute tige, par exemple un œillet ou une pivoine, dont on le décorait avec grâce et solennité. Si au contraire on l'avait dispersé en juxtaposant tous ses éléments sur une large surface et sens dessus dessous, il se sentait d'une humeur excentrique, totalement ouvert au métissage des genres et des familles de plantes. Il assumait, dans un style inédit et chaque fois renouvelé, de faire se côtoyer des fleurs des champs avec des orchidées, ou des feuillages de provenances diverses avec des branches et des fougères, acceptant même de temps en temps, mais cela restait exceptionnel, la présence de bouquets artificiels.

Au-dessus de lui, on avait accroché un *Cloud*, mais comme il avait peu souvent eu l'occasion d'être placé en extérieur et d'observer le ciel, il ne faisait pas forcément le lien avec les nuages et trouvait que la forme de cet assemblage céleste ressemblait plutôt aux fleurs bretonnes qui poussent dans les régions pluvieuses

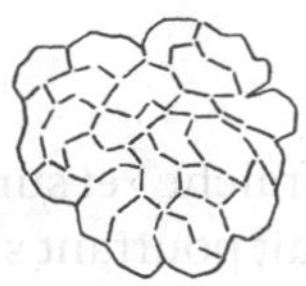

et dont il avait quelquefois eu l'occasion de faire la connaissance. Il aimait bien les hortensias, car même après avoir séché on les gardait, et comme ils restaient ainsi plus longtemps que les autres, cela permettait de se lier d'amitié.

Le nuage, quant à lui, s'intéressait avec une vive curiosité à une cloison mobile faite sur le même modèle extensible que lui, mais dont les éléments lui évoquaient quelque chose d'assez mystérieux, une espèce végétale qu'il avait pu apercevoir quelquefois échouée sur les plages mais dont il devinait que la plus grande partie se trouvait sous la mer, lieu qu'il n'avait encore jamais vu de ses propres yeux et où, bien sûr, tout lui semblait complètement fascinant. Il les trouvait gracieuses et séduisantes avec leurs lignes sinueuses qui évoquaient une chevelure de créature marine.

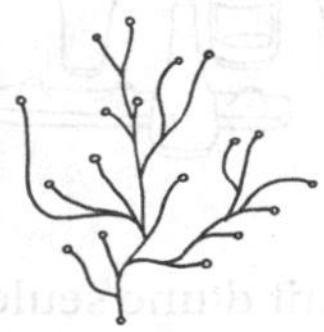

Les algues, cependant, n'avaient rien remarqué de ces regards admiratifs, trop occupées qu'elles étaient pour l'instant à s'habituer les unes aux autres. Elles se sentaient toujours un peu contrariées au début quand on les déplaçait pour les accrocher à d'autres semblables mais, heureusement, leur bonne composition faisait qu'elles s'attachaient déjà à leurs nouvelles voisines et oubliaient vite les anciennes. Leur attention était plutôt attirée par une étrange pierre qui les faisait songer aux contes de fées dans lesquels un héros, injustement poursuivi par le sort et maltraité par quelque méchant maître, se retrouvait, après avoir soulevé une trappe pour essayer de se sauver, dans un verger surnaturel où les arbres étaient d'or et les fruits de cristal. Peut-être y avait-il aussi une lointaine réminiscence de ces organismes aquatiques dont elles avaient entendu

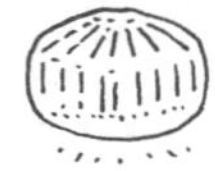

dire qu'ils reflétaient la lumière du soleil, ou des pluies d'écailles de poissons qui formaient comme des étincelles dans l'eau : enfin, elles étaient amoureuses de cette chose minérale qui brillait de toutes ses facettes. Lorsque la nuit était tombée, l'objet chargé de féerie permettait aux personnes de lire et de veiller encore avant d'aller rejoindre leur lit clos.

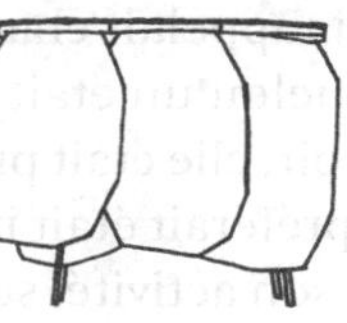

Des connivences se développaient aussi entre certains objets. Ainsi, le paravent et l'alcôve se comprenaient bien : ils partageaient le même goût du secret et d'une certaine pudeur, bien que le paravent soit un peu plus voyeur, en tout cas par l'un de ses côtés. Ils

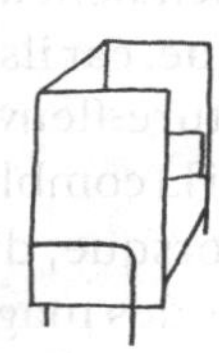

prenaient très à cœur leur mission consistant à protéger des regards, et n'étaient d'ailleurs pas du tout en phase avec cette notion de transparence dont on entendait si souvent parler ces temps-ci (il leur arrivait, malgré leur discrétion, de jeter un coup d'œil aux journaux empilés sur les *Metal Side Tables* disposées en face d'eux, ou de

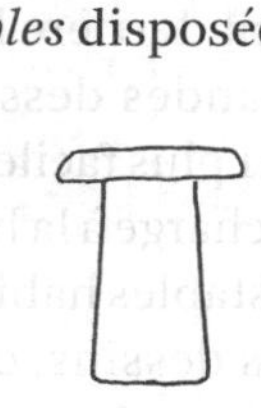

tendre une oreille à ce qu'on racontait). Ils étaient au contraire convaincus que l'opacité apporte le bonheur et en tenaient pour preuve une phrase que l'un d'eux avait entendue, prononcée d'un air convaincu par une célébrité portant des lunettes de soleil et qui leur avait fait l'honneur d'une visite, tandis qu'un enregistreur était posé sur le plateau et que l'interviewer tendait son micro à bout de bras : pour vivre heureux, vivons cachés avait-elle susurré.

À leurs pieds s'étendait le tapis, qui n'aimait pas les gens pressés. Rien ne lui était plus pénible que de sentir des pas aller et venir à toute vitesse et le fouler en provoquant des plis : il préférait de loin ceux qui prenaient le temps, et par dessus tout lorsqu'ils daignaient s'allonger tranquillement pour lire un magazine et paresser, ou s'asseoir entre amis et discuter pendant des heures, même si certains posaient directement leurs verres remplis de bière ou de soda qui risquaient de se renverser, mais cela faisait partie des aléas à accepter, tout autant que les roues des petites voitures à qui les enfants faisaient faire des va-et-vient et qui aplatissaient un peu la laine. Aussi bizarre que cela puisse paraître, il aimait bien être battu, car alors il respirait mieux et se sentait revigoré. On le laissait parfois suspendu au-dessus du vide sur le bord du balcon, ce qui, en revanche, le mettait mal à l'aise car il s'était habitué au calme plat et au contact avec le sol. Les rebords en hauteur lui donnaient le vertige, et il était mis face à un tas d'éléments qu'il trouvait effrayants : d'impressionnantes surfaces de matériaux divers qu'on appelait les façades des immeubles, des trappes vitrées qui s'ouvraient et se refermaient avec un bruit de tonnerre et un petit grincement, de gros oiseaux miteux et estropiés dont il craignait qu'ils ne viennent se poser sur lui parce qu'il voyait qu'au moindre roucoulement tout le monde les chassait en battant des mains, et que c'était sans doute pour quelque bonne raison. Son pire cauchemar était qu'on le roule, non pas qu'il craigne l'escroquerie, mais il se sentait mieux ainsi étalé sur le sol, admiré par les visiteurs pour ses motifs losanges et ses couleurs intenses.

Ils constituaient une grande famille, qui était chaque fois réunie lors des occasions importantes. Lorsque la porte du placard où ils étaient rangés s'ouvrait et qu'on les transportait un par un sur la table, toujours à peu près dans le même ordre, ils savaient qu'ils allaient participer à une soirée où il y aurait des discussions dont le sens leur échapperait parfois mais qu'ils s'efforceraient de suivre, malgré le choc assourdissant que faisaient les couverts sur leurs surfaces de porcelaine, surtout lorsque les couteaux découpaient des morceaux d'aliments et que les fourchettes ensuite les piquaient. Cela se passait à peu près toujours selon le même déroulement : au début du repas, les invités étaient plutôt calmes et posés, ils chuchotait presque en disant qu'ils étaient épuisés après leur journée de travail, juraient

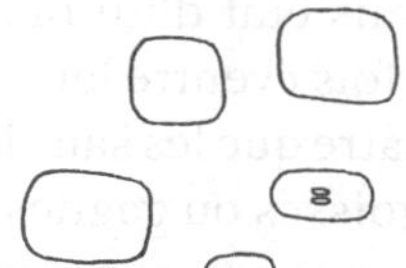

qu'ils repartiraient tôt parce qu'ils avaient des choses à faire le lendemain et, au fur et à mesure que les verres se vidaient avant d'être à nouveau remplis, le ton des voix s'élevait et s'échauffait, et il devenait de plus en plus compliqué de saisir les paroles échangées car tout le monde parlait en même temps. Certains disposaient plus ou moins artistement une partie du menu pour former des motifs, dessinant des yeux ou des bouches avec des boulettes de mie de pain, faisaient une mèche avec un spaghetti ou les traits d'un visage avec des queues de cerise. Les petites assiettes étaient rapportées en cuisine plus tôt que les grandes, et c'étaient généralement les verres à vin qui restaient le plus tard, parfois brusquement renversés par une main maladroite, et alors une pluie de sel s'abattait aussitôt sur la nappe maculée et on prodiguait fièrement un conseil comme il faut mettre du vin blanc, alors que personne ne s'apitoyait sur la chute du malheureux verre.

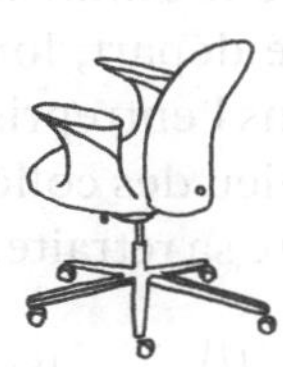

La chaise de bureau, qu'on appelait *Worknest*, pouvait sentir le niveau de nervosité de son occupant dès qu'il s'asseyait face à son bureau le matin. Il y avait des jours où il la faisait tourner sans relâche, de gauche à droite, des mouvements saccadés de petite amplitude où ses roulettes travaillaient sans faiblir, effectuant des mouvements rapides impulsés par des pieds qui n'arrivaient pas à tenir en place. Elle n'aimait pas trop quand, d'un élan assez vif, il s'élançait pour attraper un dossier rangé derrière lui, ou tout objet placé un peu loin dans les étagères, mais pas assez, estimait-il, pour se lever, ce qui entraînait un mouvement brutal et quelquefois une collision avec le mur. Lorsqu'on la prenait pour la transporter dans une grande pièce vitrée où avaient lieu d'étranges rassemblements appelés réunions, elle se retrouvait parmi ce qui semblait fort être des collègues, et là, elle comprenait sa situation et sa place enviables. Les autres étaient mal dessinés, mal fabriqués, affublés de coques en mauvais état d'un plastique granuleux et terne, le tissu parfois éventré laissant apparaître un peu de mousse jaunâtre que les salariés de l'entreprise, manifestement angoissés ou gagnés par l'ennui, arrachaient nerveusement ou crayonnaient avec leurs stylos bille, et surtout il était quasi systématique que sur les cinq roulettes, l'une au moins soit coincée, ou cassée, ou manquante.

La chaise était regardée avec envie et jalousie par tous les autres fauteuils de bureau qui, pleins d'amère résignation, attendaient le jour redouté où ils se retrouveraient sur le trottoir, échoués tels des sapins roussis après Noël, sachant très bien que les gamins turbulents du quartier viendraient leur sauter dessus sans le moindre égard et les feraient tourner jusqu'à épuisement, avant de les abandonner une fois lassés de leurs jeux brutaux pour que les sans-abri viennent les récupérer et en fassent encore bon usage, leur offrant ainsi une nouvelle vie. Elle se savait bien conçue et bâtie, solide et agréable à regarder, à l'abri de tous les dangers qui guettaient ses semblables beaucoup plus bas de gamme. Elle devinait aussi qu'elle accompagnerait jusqu'à la fin de sa carrière l'employé qui venait tous les matins des jours ouvrables et posait ses mains sur ses accoudoirs, et qu'elle aurait sans doute l'occasion d'assister à sa fête de départ, lorsqu'après quelques décennies passées dans l'entreprise, il ferait ses adieux la larme à l'œil au milieu des collègues joyeux et émus eux aussi, pour prendre sa retraite.

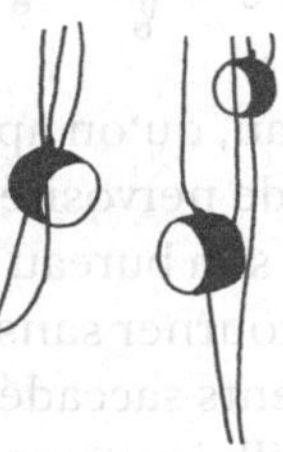

Au plafond était suspendue une série de *Lianes*. Ces lampes avaient soif de savoir et trouvaient à s'instruire à la moindre occasion, aimaient avoir une vue dégagée sur le livre ou l'écran qu'il fallait éclairer, se penchaient en catimini dès qu'il y avait quelque chose à apprendre. Elles cherchaient la position parfaite pour suivre en même temps que le lecteur assis à son bureau ou installé dans son fauteuil ce dont il était question dans les documents. Un jour, elles avaient eu la surprise de tomber sur des images de jungle. C'était un ouvrage sur le cinéma hollywoodien et il y était question d'un film appelé *Tarzan*. Cela les avait fortement impressionnées, et même troublées : les images de nature sauvage où un homme en slip léopard se déplaçait en sautant d'arbre en arbre étaient restées depuis gravées dans leur mémoire. De temps en temps, elles se balançaient discrètement, profitant d'un coup de vent par une porte ouverte ou de l'aide d'un ventilateur pour se positionner au mieux. Elles pouvaient lire et se pencher ainsi au-dessus d'une épaule jusqu'au bout de la nuit, jusqu'à ce qu'une main sans merci vienne éteindre l'interrupteur. La curiosité était leur unique défaut. Elles étaient à présent en train de découvrir un catalogue sur deux frères designers dont l'univers leur semblait familier, et les lampes liane crurent se reconnaître sur plusieurs pages. Elles en éprouvèrent une telle fierté qu'on les vit se tourner imperceptiblement pour offrir leur meilleur profil.

Dessins de Valérie Mréjen

Plasticienne, écrivain et réalisatrice, **Valérie Mréjen** réalise ses premières vidéos en 1997 et participe à de nombreux festivals et expositions en France et à l'étranger. Le Jeu de paume lui a consacré une exposition monographique, « La place de la concorde », en 2008. Elle a publié *Mon grand-père* (1999), *L'Agrume* (2001) et *Eau sauvage* (2004) aux éditions Allia, et *Forêt noire* (2012) aux éditions P.O.L. Elle a co-réalisé avec Bertrand Schefer un premier long métrage, *En ville*, sélectionné à la Quinzaine des Réalisateurs en 2011.

RONAN ET ERWAN BOUROULLEC: L'INTERFACE UTILISATEUR

Alex Coles

Dans le cadre d'un marché saturé d'objets design en édition limitée, davantage à collectionner qu'à utiliser, les créations de Ronan et Erwan Bouroullec sortent du lot. Et cela en premier lieu par leur façon de privilégier l'« interface utilisateur ». Au lieu de « À quoi ressemble ce design ? », la question clé qui régit leur processus créateur semble être : « De quoi aura l'air ce design entre les mains de l'utilisateur ? »

Compte tenu de ce rôle privilégié que les Bouroullec assignent à l'utilisateur – exemplifié par des créations aussi diverses que le système *Joyn* (2002) et la *Slow Chair* (2007) pour Vitra, l'*Audiolab* (2002) pour la Galerie Kreo et le récent *Textile Field* (2011) pour Kvadrat –, on ne saurait comprendre ce qu'ils ont réalisé jusqu'à aujourd'hui sans une théorie de l'interface utilisateur. En réalité, celle-ci a d'abord été le fait non d'un théoricien du design, mais d'un anthropologue, Marcel Mauss, si l'on considère que la notion d'interface utilisateur repose sur des questions qui appartiennent à l'ergonomie de différents modes de vie. Dans « Les techniques du corps » (1934), Mauss démontre que le corps est « le premier et le plus naturel objet technique, et en même temps moyen technique, de l'homme[1] ». Cela le conduit à explorer diverses techniques du corps, et notamment son utilisation pour marcher, nager ou s'asseoir. À l'appui de sa théorie, Mauss prend l'exemple de l'enfant qui s'accroupit, en déplorant que les adultes aient oublié la technique de l'accroupissement. « Quand nous faisions halte dans les boues ou dans l'eau », écrit-il à propos de militaires australiens rencontrés au front, « ils pouvaient s'asseoir sur leurs talons, se reposer, et la “flotte”, comme on disait, restait au-dessous de leurs talons », tandis que « [moi j'étais] obligé de rester debout dans [mes] bottes, tout le pied dans l'eau[2] ». Et Mauss de conclure que « la façon de s'asseoir est fondamentale[3] ».

Les écrits du théoricien du design Gui Bonsiepe, qui prolongent activement l'analyse maussienne du rôle de l'utilisateur, sont une aide précieuse pour comprendre l'importance toute particulière de la notion d'interface dans la conception de produits. Dans « Design: From Material to Digital and Back » (1992), Bonsiepe stipule que « l'interface n'est pas un objet matériel, c'est la mesure de l'interaction entre le corps, l'outil et une action déterminée[4] ». L'interface, poursuit Bonsiepe, « est le domaine central sur lequel le designer concentre son attention », car elle seule « détermine le champ d'action de l'utilisateur des produits[5] ». Bonsiepe a recours à un exemple simple :

Un objet remplit les critères pour s'appeler « ciseaux » s'il possède deux bords tranchants. Ce sont les parties dites efficaces de l'outil. Mais pour que ces deux bords tranchants puissent devenir l'artefact « ciseaux », il leur faut une prise afin de lier les deux parties actives au corps humain. Ce n'est que nanti de ses poignées que l'objet devient une paire de ciseaux. L'interface crée l'outil[6].

Chez les Bouroullec, l'interface utilisateur s'articule autour du toucher : la sensation du matériau. Les Bouroullec l'incorporent dans leurs créations au cours de leur conception, tout d'abord à travers le dessin sur papier, puis à travers la fabrication de maquettes et d'une série de prototypes. Avec leur équipe, ils se font les premiers utilisateurs de leur création en testant eux-mêmes les prototypes. De cette façon, l'ergonomie de l'interface utilisateur se transfère bel et bien de la conception au produit fini.

Dans sa discussion du rôle joué par le toucher dans l'interface utilisateur, Bonsiepe déclare qu'un design doit toujours être ce qu'il appelle, à l'instar de Heidegger, « à portée de la main » et pas seulement « là devant[7] ». Dans « Forms and Their Purpose » (1991), il déclare que « l'une des réussites du fonctionnalisme historique [est] d'avoir thématisé la relation entre la forme et la fonction et d'avoir clairement séparé le design des beaux-arts[8] ». Pour Bonsiepe, « les beaux-arts [...] appartiennent à l'espace rétinien [...] mais l'idée de l'à-portée-de-la-main n'en fait pas partie[9]. » Ce n'est qu'en « manipulant les choses, sans se contenter de les regarder » que l'on découvre « l'à-portée-de-la-main d'un produit[10] », conclut Bonsiepe – montrant ainsi que le contact est un élément crucial du développement efficace de toute interface utilisateur dans la conception de produits. À l'inverse, avec le « design art », la tendance récente aux objets design en édition limitée destinés au seul regard ne développe que les propriétés optiques et non tactiles du design[11].

Ainsi, le design de la *Slow Chair* des Bouroullec est le fruit d'une conformation autour de la position du corps de l'utilisateur à la manière d'une housse. « L'idée de transposer l'élasticité et le confort des bas de soie à un meuble nous tournait depuis longtemps dans la tête. [...] Le principe nous semblait idéal pour réaliser un fauteuil qui s'adapterait avec souplesse à la forme du corps, dans les positions d'assise les plus diverses, plutôt que d'imposer un mode d'utilisation rigide[12]. » Tout ce qui ne vise pas à asseoir l'utilisateur est exclu de la *Slow Chair*. Résultat : un design qui n'est qu'interface. Le système de bureau *Joyn*, lui, met en œuvre l'interface utilisateur dans une direction différente. « L'important était de faire un système ouvert », déclare Erwan Bouroullec, qui ajoute : « Nous essayons souvent d'envisager notre travail sous la forme de la création d'une palette et, ensuite, ce sont les gens qui organisent eux-mêmes cette palette[13]. » Ce système de bureau peut se moduler indéfiniment au gré de l'utilisateur.

Faire passer l'interface utilisateur d'une maquette de travail à un objet destiné à être édité industriellement exige une grande compréhension du rôle de l'ingénieur. Le fait que les Bouroullec collaborent étroitement avec les ingénieurs chez Magis, Vitra et les autres firmes avec lesquelles ils travaillent est crucial pour la réalisation de leurs créations. Leur empathie évidente avec les ingénieurs leur permet de renégocier la relation entre ingénieur et designer : alors que l'un et l'autre avaient fini par se séparer (le premier étant associé à la production en série de produits industriels anonymes et le second à la conception de produits), les Bouroullec ne réalisent ces produits qu'avec l'aide de l'ingénieur. La *Vegetal Chair* (2008) pour Vitra est un cas d'école : la structure même du siège devient son élément de design principal en formant le motif réticulé caractéristique.

Dans la théorie de l'interface utilisateur de Bonsiepe, le designer est la figure qui fait le lien entre les technologies de l'ingénieur et la pratique quotidienne de l'utilisateur. Dans « Design: From Material to Digital and Back », Bonsiepe affirme que le concept d'interface explique « la différence entre le métier d'ingénieur et le design[14] ». Pour lui, le « designer envisage le phénomène de l'utilisation avec [un] intérêt centré sur l'efficacité socioculturelle ». Cependant, poursuit-il, les « catégories de l'ingénierie n'incluent pas la fonctionnalité de l'utilisateur ; elles se fondent sur une idée d'efficacité physique [...] à laquelle on accède au moyen des sciences exactes[15] ». Le design est ce qui peut lancer un « pont entre la boîte noire de la technologie et la pratique quotidienne[16] », conclut Bonsiepe. Les Bouroullec et leur équipe passent beaucoup de temps avec les ingénieurs des compagnies qui leur commandent des modèles. À ces moments-là, leur modeste studio parisien perd son intimité et s'agrandit pour héberger temporairement le bureau des ingénieurs et l'atelier. Ce n'est qu'à ce prix que Ronan et Erwan Bouroullec s'assurent que l'interface utilisateur est au cœur même de leur processus créatif et marque ainsi leurs objets.

Traduit de l'anglais par Marc Phéline

Alex Coles, critique d'art et de design, est professeur à l'École d'art, de design et d'architecture de l'université de Huddersfield (Royaume-Uni). Auteur de *DesignArt* (Tate Publishing, 2005) et de *The Transdisciplinary Studio* (Sternberg Press, 2012), il a également dirigé la publication de *Design and Art* (MIT Press/ Whitechapel, 2007).

1. Marcel Mauss, « Les techniques du corps », communication présentée à la Société de Psychologie le 17 mai 1934, première publication in *Journal de Psychologie*, XXXII, nos 3-4, 15 mars-15 avril 1934 ; repris dans *Sociologie et anthropologie*, Paris, Presses Universitaires de France, 1950, rééd. 2002, p. 372.
2. *Ibid.*, p. 374.
3. *Ibid.*, p. 379.
4. Gui Bonsiepe, « Design: From Material to Digital and Back », *Interface: An Approach to Design*, éd. Dawn Barrett, Maastricht, Jan Van Eyck Akademie, 1999, p. 29.
Sur l'apparition d'une théorie de l'utilisateur et une discussion de son incorporation dans le processus de création, voir Kin Wai Michael Siu, « Users' Creative Responses and Designers' Roles », *Design Issues* (printemps 2003).
5. *Ibid.*, p. 29.
6. *Ibid.*, p. 30.
7. *Ibid.*, p. 30.
8. Gui Bonsiepe, « Forms and Their Purpose », *Interface: An Approach to Design*, *op. cit.*, p. 134.
9. *Ibid.*, p. 134.
10. *Ibid.*, p. 136.
11. Pour en savoir plus sur cette tendance, voir mon texte « The Kernel of DesignArt », *Project Vitra*, éd. Rolf Fehlbaum et Cornel Windlin, Birkhauser, 2007.
12. Cité dans Kristina Raderschad, « Making of Slow Chair », http://www.vitra.com/fr-fr/collage/design/making-of-slow-chair
13. Lucia Allais, « Entretien avec Ronan et Erwan Bouroullec », Andrea Branzi et Rolf Fehlbaum, *Ronan et Erwan Bouroullec*, Paris, Phaidon, 2003, p. 44.
14. Gui Bonsiepe, « Design: From Material to Digital and Back », *op. cit.*, p. 36.
15. *Ibid.*, p. 36.
16. *Ibid.*, p. 36.

L'EXPOSITION ET SON CADRE

Christine Colin

Dès l'exposition qui leur fut consacrée à Hyères, j'avais demandé à l'un des frères Bouroullec, Ronan, pourquoi il encadrait les photographies dans de petits cadres de bois. Il m'avait répondu, en substance : « Par commodité. » Oui, c'étaient de simples cadres industriels en sapin, tels qu'on en trouve aujourd'hui dans tous les grands magasins pour encadrer les photos souvenirs. Ils trouvaient place ici dans l'espace de la piscine couverte de la villa Noailles. Leur origine et leur format modeste introduisaient une dimension domestique curieuse au regard de la grandeur et du prestige du lieu, mais aussi et surtout au regard de leur contenu et notamment des photographies des systèmes de rideaux, *Algues*, *Twigs* ou *Clouds*, caractérisés tous autant qu'ils sont par l'injonction « *no limit* ». Sans limite. Il fallait s'éloigner de l'exposition pour découvrir, du jardin ou d'une coursive, son véritable cadre derrière la façade vitrée de la piscine transformée en vitrine monumentale.

À l'occasion de l'achat de la série de photographies des *Clouds* par le Fonds national d'art contemporain (FNAC), nous avions évoqué à nouveau la question du cadre. Ronan Bouroullec s'interrogeait alors sur la nature de ces objets. Quel statut fallait-il leur donner ? Les photographies des *Clouds* entrèrent dans la collection design du FNAC à l'unanimité des voix de la commission, mais sans cadres.

Dans l'exposition « album » réalisée par Arc en rêve à Bordeaux, les petits cadres de bois blancs étaient, en dehors des sièges offerts aux visiteurs, les seuls objets de l'exposition, entièrement consacrée aux dessins et photographies. Et je leur trouvais toujours l'air d'intrus dans l'univers des Bouroullec éminemment fluide, flexible, connecté, « atmosphérique » – pour reprendre un de leurs termes. J'ai pu, en effet, constater plus d'une fois, à l'occasion d'éditions ou d'expositions, que les objets des Bouroullec ou leurs photographies s'inscrivent sans difficulté dans n'importe quel contexte : ils se connectent comme les *Algues* « avec la précision d'un clic ». Avec cet objet, les Bouroullec ont donné forme, avant la lettre, à cette maxime de Matali Crasset : « la forme est une plate-forme » qui, à la suite des célèbres aphorismes rationaliste et fonctionnaliste « l'outil crée la forme » et « la forme suit la fonction », inscrit désormais l'origine de la forme de l'objet de série dans le vocabulaire de la connexion – informatique notamment – et non plus de la fonction, de la fabrication ou de la communication.

Pour en revenir à Bordeaux, je remarquais qu'il y avait non seulement un cadre, mais également une vitre qui occasionnait de désagréables reflets de l'architecture environnante. En m'en rapprochant pour échapper à ces derniers, je m'étais interrogée sur la nature du contenu – original ou photocopie ? – sans y attacher d'ailleurs trop d'importance. Je notais, cependant, que les formats variables (entre A4 et A2), évoquant tantôt l'échelle de la page, tantôt celle du mur, tantôt l'échelle du dessin, tantôt celle d'un poster, tendaient à valider l'hypothèse du tirage et à raviver la question du cadre. Faut-il encadrer une affiche ? Ici, point de ces repères d'échelle qui ponctuent systématiquement les photographies des Bouroullec d'une silhouette humaine, d'une main ou d'un objet typé. Vers la fin du parcours, une photographie de l'exposition des Bouroullec à la Cité radieuse de Le Corbusier à Marseille (2010) montrait, à côté d'une silhouette inscrite dans l'encadrement de la baie, une somptueuse paire de cadres créée par Le Corbusier. Les bords, encastrés dans le mur, affleurent à peine, entourant un fond monochrome bleu entièrement apparent. Ce cadre, rendu ostensiblement à l'architecture et à l'hospitalité, avait, me semblait-il, quelque chose d'indépassable. Le cadre tel qu'on le connaît, trop fixe et trop mobile, n'échappe pas, quand il n'est pas attaché à la domesticité, au rôle d'accessoire et de signe décidément trop visible de l'art et de sa marchandisation. André Malraux l'a déjà dit bien mieux dans son discours inaugural de la fondation Maeght, le 28 juillet 1964 : après le retable, « c'est-à-dire une sculpture qui imitait la cathédrale » où trouvait place la peinture dans son rapport au surnaturel, « le cadre a été [...] le moyen, à l'époque baroque, qui permettait précisément à la peinture de créer son malentendu dans son rapport avec le luxe ». Bref, le cadre n'a pas la grâce du colibri qui, parmi d'autres animaux magiques qui ponctuent l'installation des Bouroullec, atteint à une immobilité presque surnaturelle, grâce à la vélocité inouïe (et invisible) de ses ailes (à laquelle parvient également, parmi les humains, le djembéfola). Pourquoi les Bouroullec ne scotchent-ils pas les photocopies sur les murs ou ne les épinglent-ils pas ou ne les posent-ils pas sur une étagère comme ils le font des originaux dans l'atelier ? En quittant l'exposition, je regrettais de ne pas pouvoir acheter quelques tirages d'imprimante ou peut-être même toute une grappe, puisque tel est l'exercice réjouissant proposé par cette installation verticale qui laisse libre court à ces comparaisons furtives dont l'œil est capable en dépit de tous les cadres et que la littérature appelle « images ». Cela dit, il faudrait sans doute également prendre le temps de décoder l'écriture qui s'invente ici à base de points, bâtons et bâtonnets, tuyau et tuyauterie, masses, vides, figures de tous poils et toutes plumes, filets de toutes sortes, toiles, trames, couvertures, arlequins – mais point de manteau d'arlequin.

S'il y avait eu vente des tirages sur place, l'installation serait-elle devenue simple étalage comme, somme toute, tant d'installations artistiques ? Pourquoi les grands photographes sont-ils si timorés à l'égard de la série ? Par peur, comme s'interrogeait un jour Erwan Bouroullec, de dévaluer, sinon l'« original », du moins l'œuvre (composée comme le disait Vuillard de « tant d'ouvrages ») ? La valeur d'estime attachée à l'objet de série n'est pas étalonnée à sa valeur financière. Contrairement à celle de l'art, celle-ci n'est pas assujettie à la loi de l'offre et de la demande (et encore moins à celle de la rareté), mais est bien le fruit d'une offre. Comment fixer le prix d'un tel tirage ? Voire d'un tel original ? Je me gardai, cette fois, de proposer immédiatement une acquisition au FNAC, dans l'attente d'une indication du marché. Le design tel que je l'ai observé fait peu de cas de l'original, quand il existe. Les originaux les plus intéressants pour l'histoire et les musées disparaissent au gré des déménagements ou des changements de propriétaire. Le design s'intéresse à une origine des formes des objets qui, pour être dominante à un moment *donné*, n'en est pas moins l'inconnue changeante de l'équation. Issue de rapports de force complexes au sein de processus collectifs, scindés et pour l'essentiel occultés, elle appartient à tout le monde, en tout cas à ceux qui l'imaginent ou la théorisent. C'est l'art même du design d'en saisir la trace dans la forme même de l'objet, en temps réel. Les objets concrets qui ponctuent le processus de conception et de production (dessins, maquettes, prototypes) sont attachés aux stades du processus et non à son origine (dont tout indique qu'elle contrevient à la chronologie). Au demeurant, tout est marchandisable, pourvu qu'il y ait un marché. Cela ne dit pas pour autant ce qui est de l'art ou n'en est pas. Pour l'heure, si connexion il y a, tout laisse à penser que les Bouroullec, comme la plupart des *digital natives* (« natifs numériques »), s'intéressent bien plus à la nature de ce qui lie qu'à ce qui est lié, et même parfois jusqu'à l'obsession, si l'on considère l'imagerie contemporaine pléthorique relative au réseau.

En consultant le dossier de presse de l'exposition sur Internet, je notai avec satisfaction que dans la plupart des planches les cadres de bois avaient été escamotés. Il me semblait que ces images retrouvaient sur ce fond neutre leur véritable cadre, l'écran de l'ordinateur, et leur véritable réseau de diffusion qui alimente également les médias. On ne saurait oublier que la gratuité caractérise depuis plusieurs décennies la circulation des images de design – la plupart libres de droit grâce à la « courtoisie » des éditeurs ou des designers, à l'exception notable de quelques ayants droit – dans la presse où leur documentation par les journalistes demeure tacitement non soumise à rémunération, et ceci bien avant Internet. Le design doit sans doute une grande partie de sa notoriété à cette économie non marchande et néanmoins professionnelle relative aux images.

Je découvrais également sur Internet que, photographiée de front par les Bouroullec, chaque alcôve de la galerie d'exposition d'Arc en rêve constituait une boutique et qu'à la vitrine manquante palliait opportunément la vitre du cadre en bois. De fait, les designers, depuis plusieurs générations, font naturellement référence à la commercialisation bien plus qu'à la fabrication (escamotée sous différents prétextes, sinon délocalisée). Les Bouroullec ont réalisé des expositions commerciales monumentales magistrales (je pense au rideau d'*Algues* sur toute la hauteur et la longueur de la Pelotta pendant le Salon du meuble de Milan). En quittant le centre d'art de Bordeaux, je me demandai si ce cadre trop visible ne signalait pas un malaise au regard du cadre même de l'exposition. Il en va de l'exposition comme de tous les systèmes conçus par les Bouroullec, elle ne présente jamais qu'un échantillon, un extrait, en l'occurrence, lorsqu'il s'agit des dessins, une extraction de la banque de données numériques où ces images sont habituellement stockées et classées. Pour autant, Erwan Bouroullec se réjouissait de la « vélocité exceptionnelle » d'« album », qui peut circuler, de façon peu onéreuse, en Chine (où elle sera réimprimée), en Israël, au Brésil, en Suisse...

Pour l'exposition de Metz, les Bouroullec ont, finalement, conçu un cadre. Pour des raisons circonstancielles (la proximité du fabricant), il est réalisé en Corian blanc. Cette matière brevetée, au statut néanmoins incertain, semble sans cesse en quête d'un anoblissement contrarié par ses origines dans l'agencement de la cuisine et de la salle de bain. À ceci près : c'est un cadre très normal dont on a pris soin d'arrondir les angles. Il est, là encore, doté d'une vitre, mais également et surtout d'un formidable système antivol susceptible de répondre aux exigences de sécurité muséale. Il se fixe sur une cale murale grâce à des glissières qui en interdisent le décrochage frontal. La juxtaposition des cadres bloque l'ensemble en le solidarisant, sur un mur de 5 mètres sur 30. Pour autant, ce sont à nouveau des tirages numériques qui sont ainsi fixés sous haute sécurité. Ils sont réalisés, il est vrai, comme les photographies, par un imprimeur d'exception, Charles Petillon, sur papier Hahnemühle 100 % coton d'une texture superbe.

Il n'empêche, on devine que l'exposition des tirages et non des originaux n'est pas circonstancielle et qu'elle est bien l'expression de la volonté inflexible des designers. Si l'on comprend la crainte que l'impression rapide à la sortie d'une exposition puisse dévaluer l'œuvre, faut-il comprendre également que l'exposition d'originaux dans un centre d'art prestigieux risquerait, à la faveur d'une fixation excessive, de les surévaluer de façon tout aussi dommageable, quand leur retraite, hors marché, hors limite est peut-être encore indispensable à l'expansion vitale du système ? À l'infini ? Par ailleurs, qui peut dire aujourd'hui de façon certaine si la numérisation des originaux va consolider leur valeur ou au contraire la transférer irrémédiablement vers les propriétaires des bien nommées banques de données numériques ?

À Metz, le visiteur pourra partir, moyennant quelques euros, avec une application iPad™ contenant les images de l'exposition. Mais pourra-t-il les imprimer ? Pourra-t-il se poser la question du cadre ?

Christine Colin est expert en design à la Direction générale de la création artistique au ministère de la Culture et de la Communication depuis 1991, et a été plus particulièrement en charge de la collection design du Centre national d'art contemporain (Cnap) de 1995 à 2009. Auteur de nombreux ouvrages, elle a notamment publié *Question(s) design* (Flammarion, 2010).

CETTE FRANCE QUI VOIT LA MER

Andrea Branzi

En feuilletant les projets de Ronan et d'Erwan Bouroullec, je ne peux m'empêcher de me rappeler notre première rencontre, en 2003, dans le TGV Paris-Cologne, où nous nous rendions pour organiser une exposition commune à la Blühende Lücke de Martin Rendel et René Spitz, dans le cadre de la « Design Week » locale. Il s'agissait d'une étrange galerie d'art, aménagée dans une longue ruelle entre deux édifices ; une sorte de boyau urbain, un espace interstitiel difficile à interpréter. Nous y installâmes un long tronc d'arbre dont la pointe brûlait d'une flamme perpétuelle (alimentée au gaz...) ; en face d'elle s'ouvrait une étroite fissure à travers laquelle on apercevait un jardin immense, créé par un jeu de miroirs, regorgeant de roses. Les mystérieuses structures colorées des deux frères flottaient au-dessus du jardin et autour de la galerie ; le long des murs, on avait installé des bancs, sur lesquels dormaient des personnages anonymes. Il s'agissait d'une exposition difficile à comprendre pour le public, mais qui en réalité résumait certains principes fondamentaux de leur façon, et de la mienne, de comprendre le design, en tant que fruit d'une énergie naturelle génératrice d'espaces poétiques ; un design qui ne s'occupait pas de questions de décoration, mais qui laissait chacun dormir et vivre à sa manière. Dans cette étrange exposition, nous cherchions donc à affirmer quelques-uns des *statements* du design, en ce début du nouveau siècle ; des principes théoriques que, sous des formes diverses, chacun de nous s'est ensuite efforcé de développer.

Une sorte de statut privé, donc, fruit d'une intuition encore fragile, mais qui, au fil du temps, s'est répandue et renforcée ; elle a ainsi été tacitement partagée par toute une génération de designers, qui ont décidé de dépasser la frontière des décors d'ensemble, pour choisir la « voie étroite » des petits espaces domestiques, des lieux abandonnés par la désindustrialisation, dans les déchets oubliés de la modernité. Une génération qui travaille en ce moment « à couvert », afin de pénétrer dans ces noyaux moléculaires qui, dans leur ensemble, constituent la véritable qualité, non seulement de l'habitat privé, mais encore de la ville contemporaine. Une manière de pratiquer le design que les frères Bouroullec ont interprétée en toute spontanéité, et qui s'intéresse peu aux questions stylistiques, aux nouvelles technologies et aux stratégies de marketing, car disposée en partie seulement à se confronter aux logiques industrielles des grandes « productions de masse » ; il s'agit plutôt de choisir leur dimension familière, comme s'il y avait là une garantie de la qualité anthropologique du projet, une plate-forme consolidée au sein du décor chaotique des marchés mondialisés et de la concurrence internationale. À l'époque de la mondialisation, le design semble en effet ne plus correspondre ni aux différentes cultures nationales ni à d'hypothétiques principes internationaux, tel que nous l'avons connu au XXe siècle, mais plutôt à des personnalités individuelles, à des relations privées, à des histoires subjectives ; un design par conséquent plus authentique et plus certain. Moins rationnel, mais plus intelligent.

Il s'agit d'une « refondation » non programmée, silencieuse, qui s'attache à réviser les paramètres d'une activité héritée du siècle précédent.

Jusqu'à la fin du XXe siècle, le design français avait deux grandes matrices historiques : la première consistait dans la persistance de la tradition néogothique, et se traduisait par la forte influence de l'industrie et de la culture aérospatiale française, qui, du TGV au Concorde, a caractérisé l'idée d'une modernité aérodynamique.

La seconde tradition était constituée par le mythe de la maison de haute couture française, où la « griffe » a toujours été beaucoup plus puissante que l'industrie qui la produisait, selon un *modus operandi* auquel de nombreuses stars du design français font (ou ont fait) référence.

Les frères Bouroullec ont rompu avec des traditions désormais à bout de souffle. Ils élaborent d'autres qualités et sont les héritiers d'une France différente, paysanne, d'avant les Lumières, qui m'évoque davantage Molière que Voltaire. Une France moins parisienne, plus provinciale ; moins fanatique, d'apparence plus modeste, mais plus réaliste et plus aimable. Une France qui préfère les jardins aux parcs ; qui regarde plutôt les enclos agricoles que les velours damassés de la cour. Cette ingénuité apparente appartient à la grande France qui voit la mer ; elle dispose d'horizons plus vastes et d'une vive sensibilité pour la nature et le cycle des saisons (y compris les saisons culturelles).

Les frères Bouroullec comptent parmi les meilleurs représentants de cette modernité nouvelle, moins hystérique, moins exhibitionniste, qui caractérise le XXIe siècle et s'attache à travailler sur des sous-systèmes environnementaux, bien adaptés aux processus de refonctionnalisation interne de la ville moderne, laquelle naît déjà vieille.

Leurs systèmes légers, provisoires, se posent sur ce vide qui sépare le design d'intérieur de l'architecture ; ils appartiennent à un univers mercéologique tout à fait original qui, en recourant à des technologies simples, se retrouve en mesure de seconder le destin variable des destinations d'usage, dans une ville conçue pour des fonctions définitives et qui doit s'adapter à un monde différent, imprévu, souvent improvisé, constitué par le travail postérieur au fordisme, par l'entreprenariat de masse et par l'économie créative.

Un univers urbain et social où le designer doit créer des micromilieux, constitués de filtres transparents aussi légers que des feuilles ou de niches aussi protectrices que des coquillages marins.

Un design qui, au bout du compte, œuvre au service d'une ville qui n'est plus définissable comme un système architectonique, mais plutôt comme un territoire caractérisé par « un ordinateur personnel tous les vingt mètres carrés »...

Traduit de l'italien par Renaud Temperini

Andrea Branzi, architecte et designer, fait partie des fondateurs du groupe Archizoom et de la Domus Academy, première école de design de spécialisation en 3e cycle. Il a reçu en 1987 le Compas d'or (*Compasso d'Oro*) pour l'ensemble de sa carrière. Auteur de nombreux livres d'histoire et de théorie du design, il enseigne à l'École polytechnique de Milan (Italie).

Œuvres exposées | Exhibited Works

1 **Aïo Collection**
Habitat, 2000

2 **Alcove High Back Sofa**
Vitra, 2007

3 **Alcove Loveseat Work**
Vitra, 2007

4 **Algues**
Vitra, 2004

5 **Assemblage**
Galerie kreo, 2004

6 **Axor Bouroullec**
Axor, 2010

7 **Baguettes Chair**
Magis, 2011

8 **Baguettes Table**
Magis, 2010

9 **Banquise**
Galerie kreo, 2007

10 **Big Bell**
Galerie kreo, 2005

11 **Black Light**
Galerie kreo,2008

12 **Boîte double plateaux**
Japan Brand, 2009

13 **Brick**
Galerie kreo, 2000/Cappellini, 2001

14 **Central**
Magis,2010

15 **Cloud Modules**
2002

16 **Clouds**
Kvadrat, 2008

17 **Conques**
Galerie kreo, 2010

18 **Desk Light**
Japan Brand, 2009

19 **Drapeau**
Commande du Centre Pompidou-Metz, 2011

20 **Facett**
Ligne Roset, 2005

21 **Fruit Bowl**
Cappellini, 2001

22 **Geta**
Galerie kreo, 2008

23 **Hole Chair**
Cappellini, 1999

24 **Joyn Office System**
Vitra, 2002

25 **Lampalumina**
Bitossi pour Flavia SRL, 2010

26 **La Valise**
Magis, 2003

27 **Lianes**
Galerie kreo
Galeries Lafayette, 2010

1

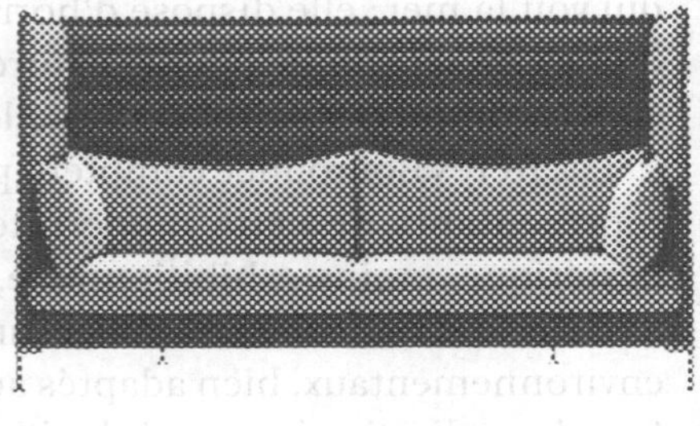
2

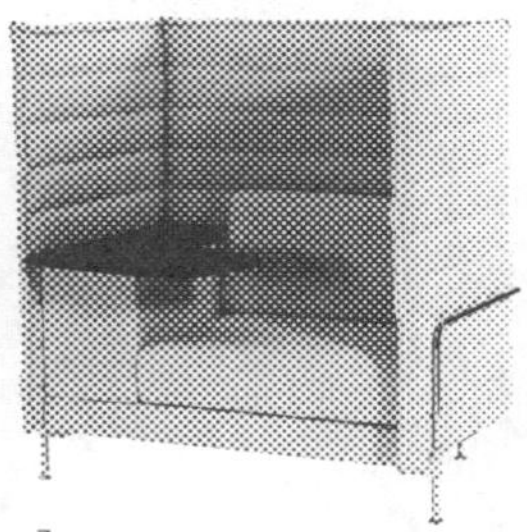
3

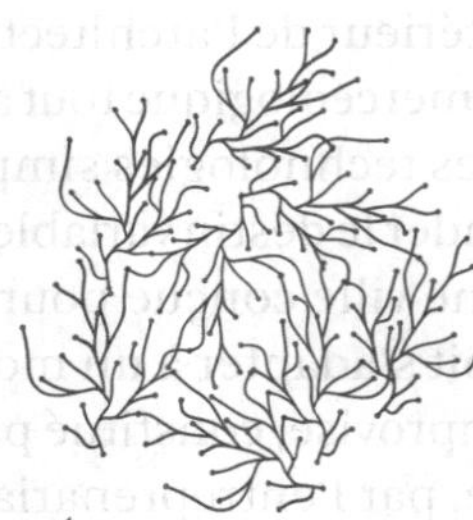
4

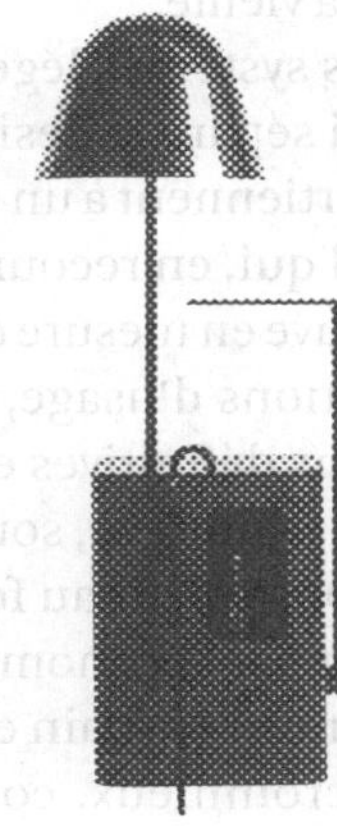
5

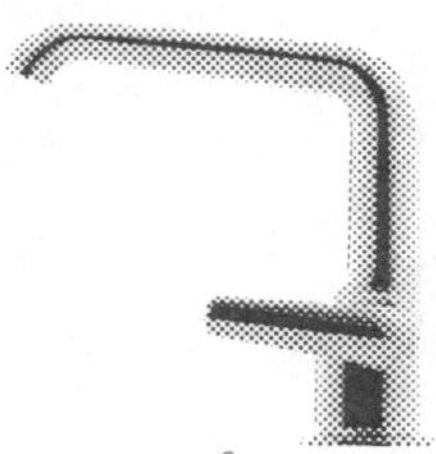
6

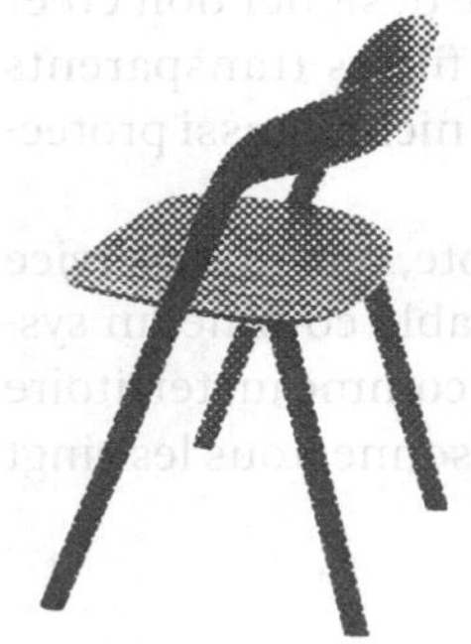
7

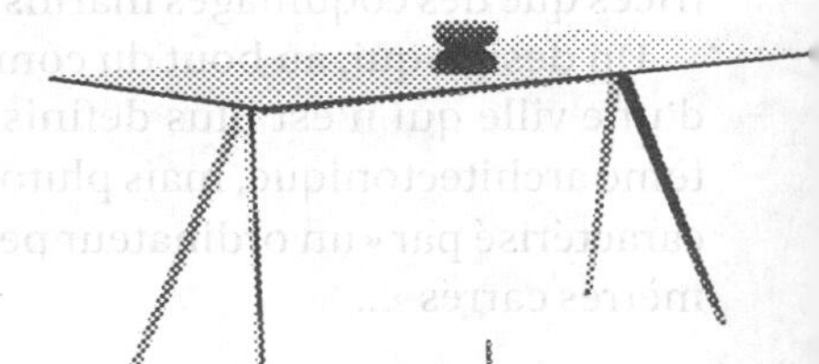
8

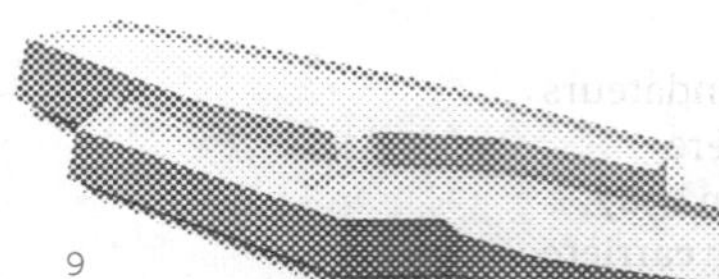
9

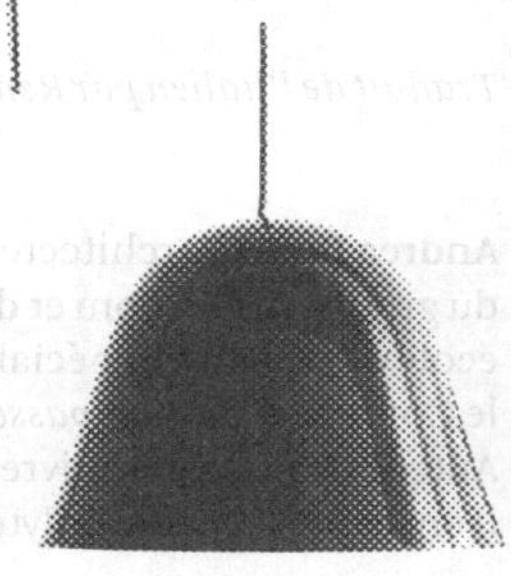
10

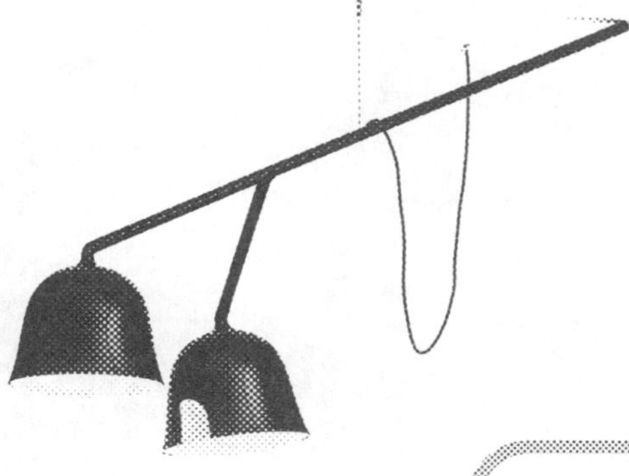
11

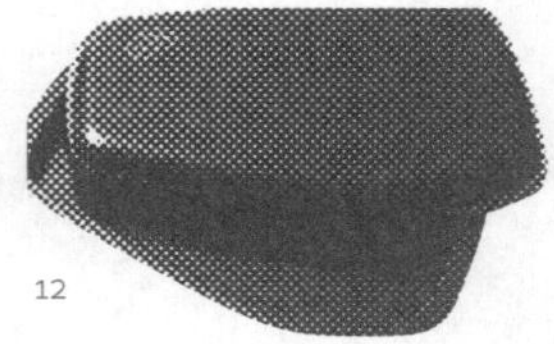
12

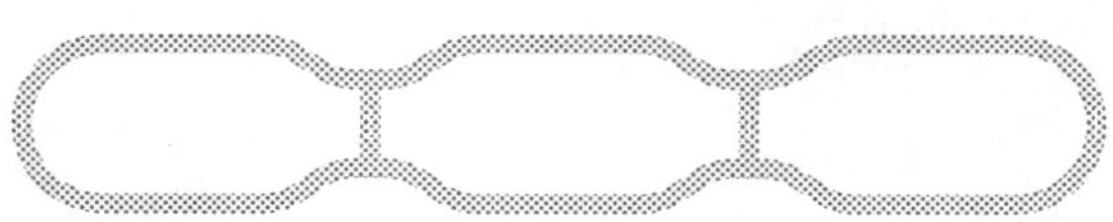
13

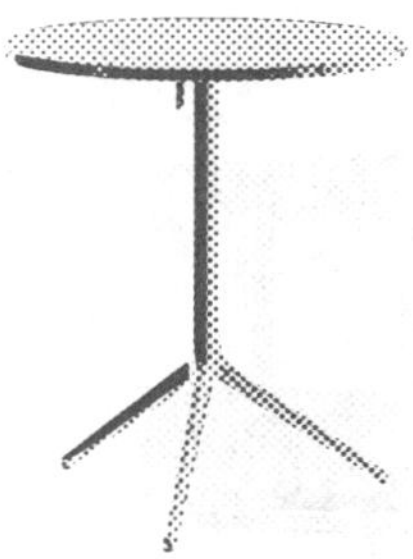
14

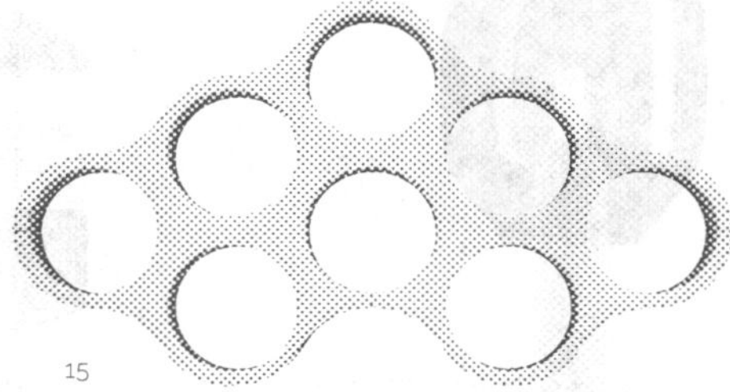
15

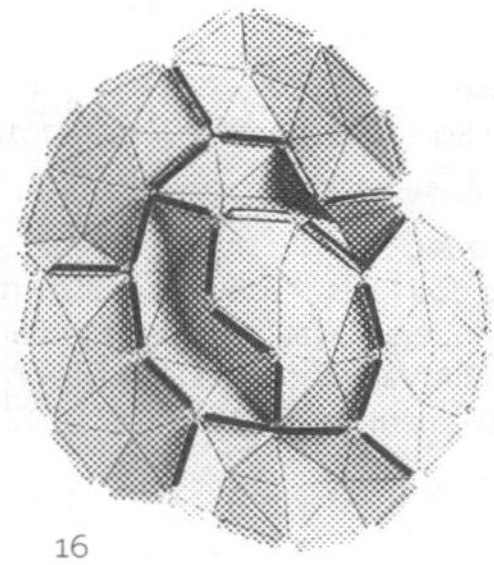
16

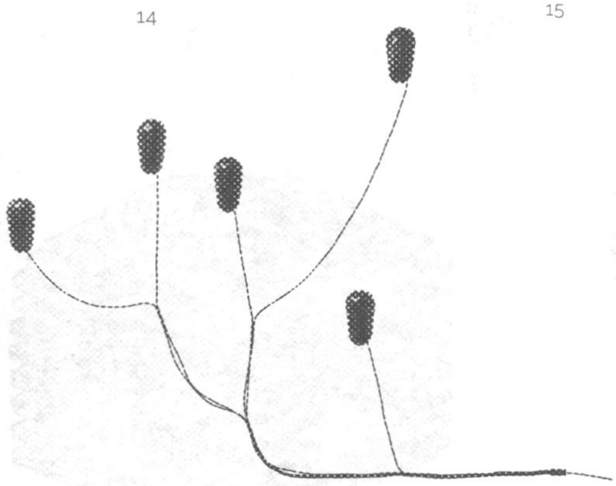
17

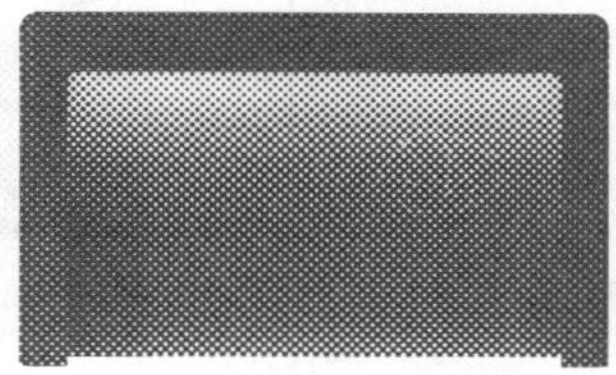
18

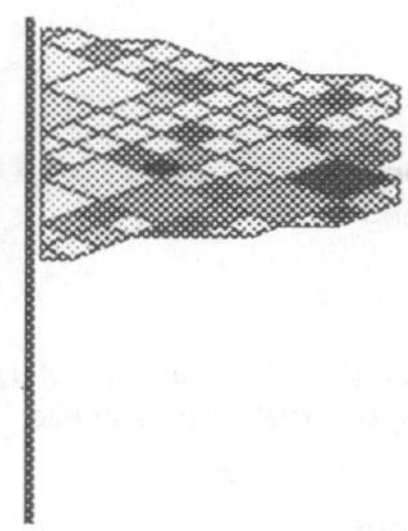
19

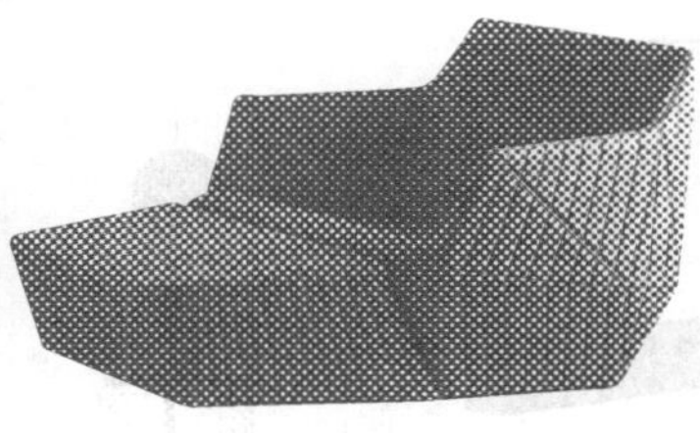
20

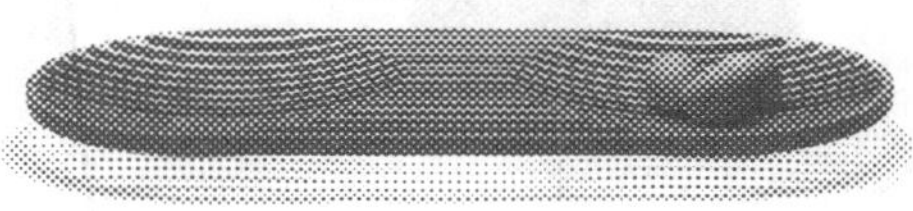
21

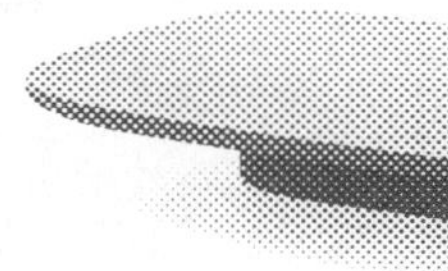
22

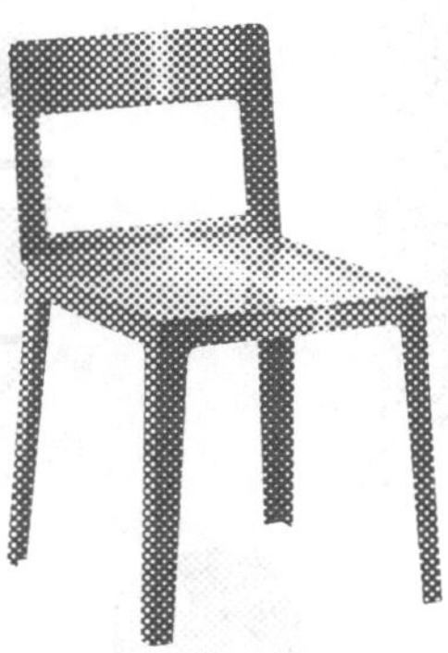
23

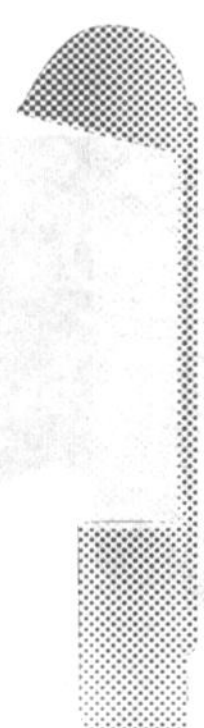
25

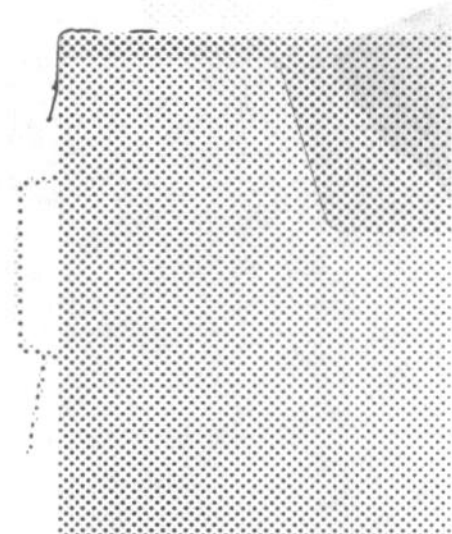
26

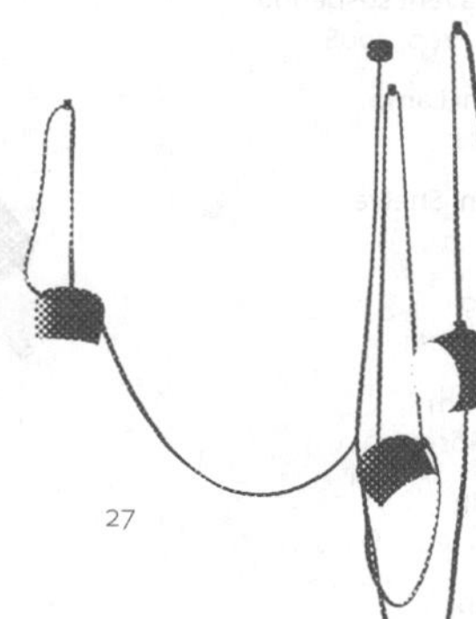
27

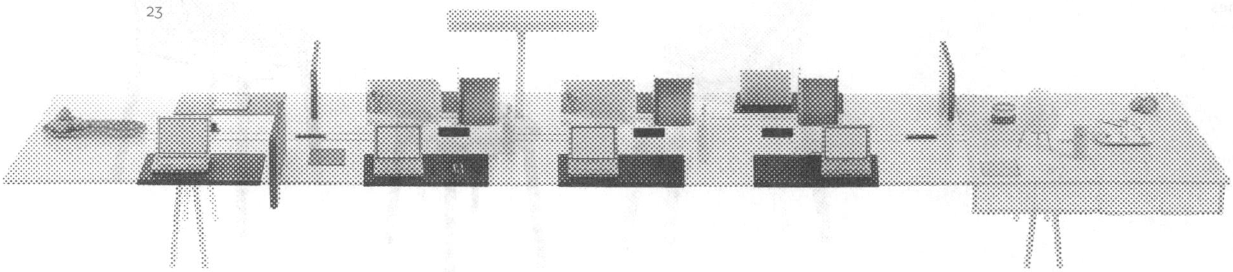
24

28 **Lighthouse**
Established & Sons, collaboration Venini, 2010

29 **Lit clos**
Galerie kreo, 2000
Centre Pompidou Paris, Musée national d'Art moderne - Centre de création industrielle, Paris
Donation du VIA/Valorisation de l'Innovation pour l'Ameublement en 2009

30 **L'Oiseau**
Vitra, 2011

31 **Losanges**
Nanimarquina, 2011

32 **Metal Side Table**
Vitra, 2005

33 **Miroir**
Galerie kreo, 2003

34 **Miroir de poche**
Japan Brand, 2009

35 **North Tiles**
Kvadrat, 2006
Centre Pompidou Paris, Musée national d'Art moderne-Centre de création industrielle, Paris, achat en 2006

36 **Objet lumineux**
Galerie kreo, 1999

37 **Osso Collection**
Mattiazzi SRL, 2011

38 **Outdoor**
Ligne Roset, 2001

39 **Ovale Collection**
Museo Alessi, 2010

40 **Panier**
Kartell, 2006

41 **Papyrus Chair**
Kartell, 2008

42 **Paravent suspendu**
Galerie kreo, 2008

43 **Piani Lamp**
Flos, 2011

44 **Piani Shelve**
Flos, 2011

45 **Pico**
Mutina, 2011

46 **Ploum**
Ligne Roset, 2011

47 **Quilt**
Established & Sons, 2009

48 **Rains**
Kvadrat, 2008

49 **Roc**
Vitra Design Museum, Weil am Rhein, 2006

50 **Roches**
Galerie kreo, 2010

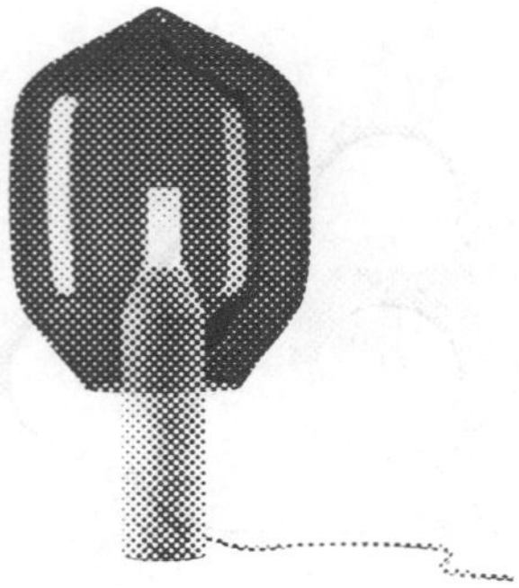
28

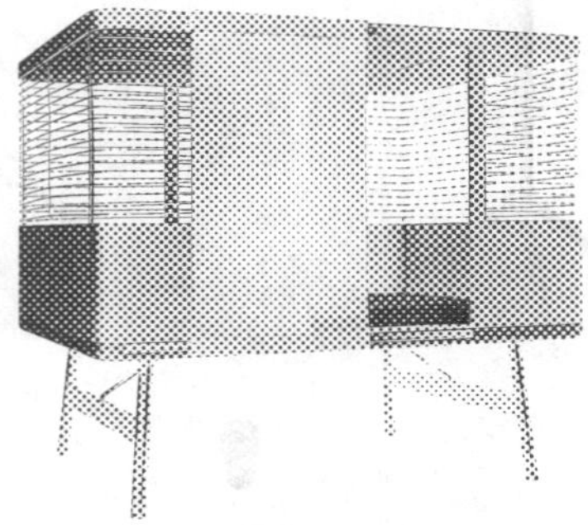
29

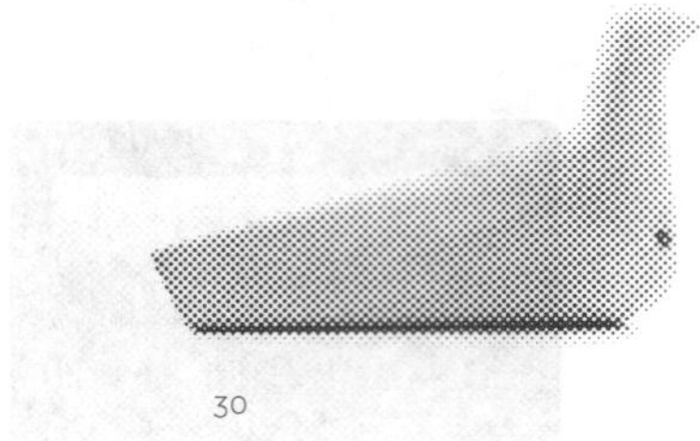
30

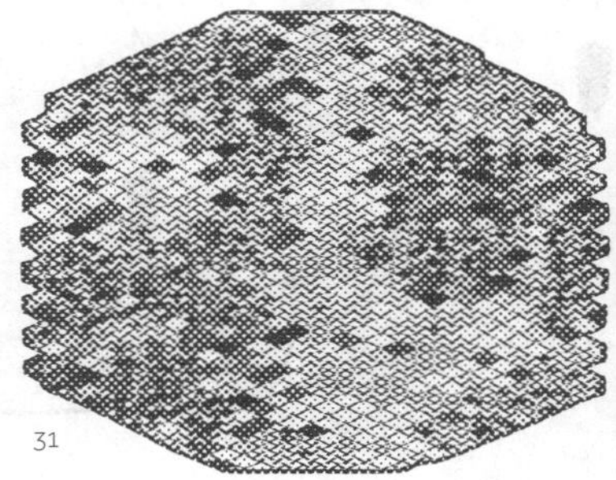
31

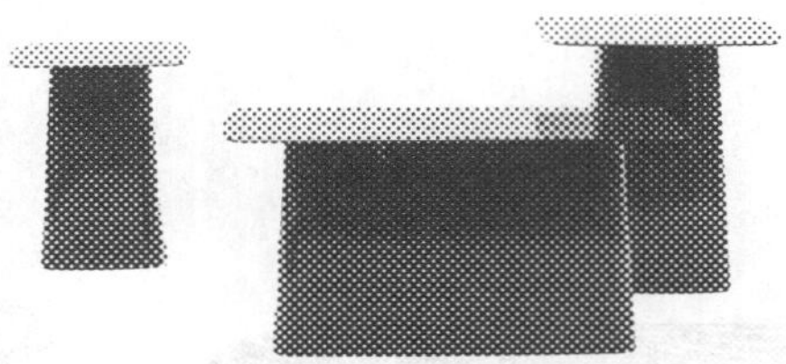
32

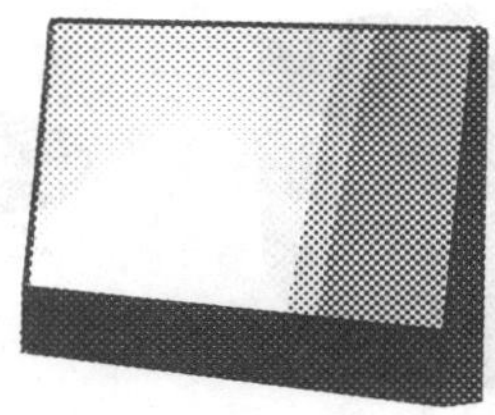
33

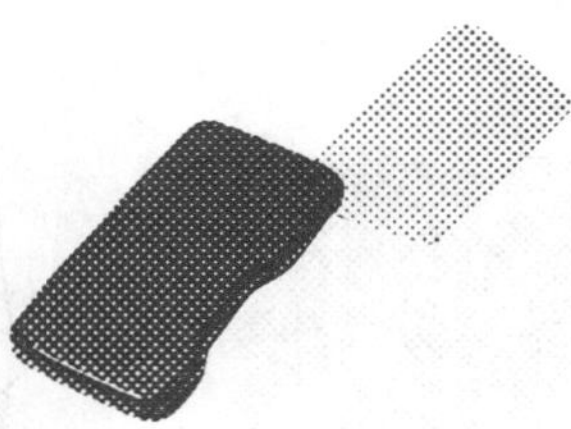
34

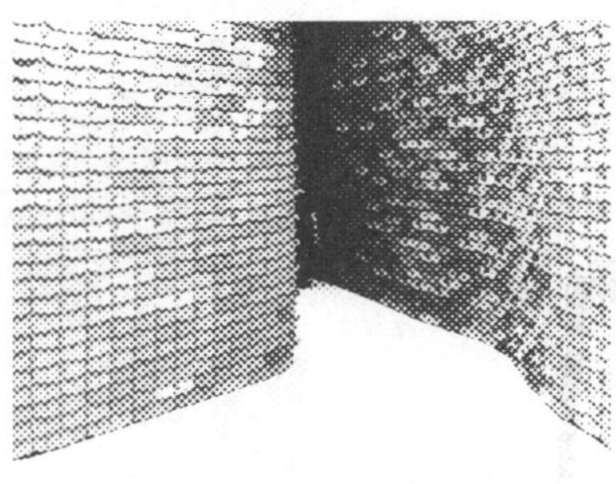
35

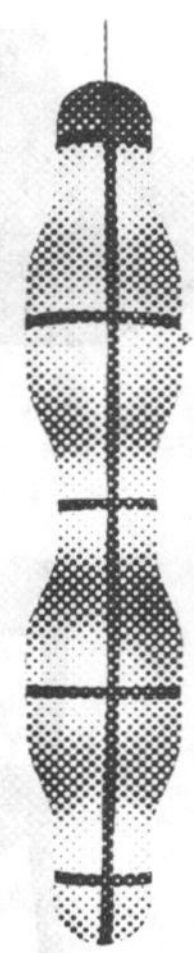
36

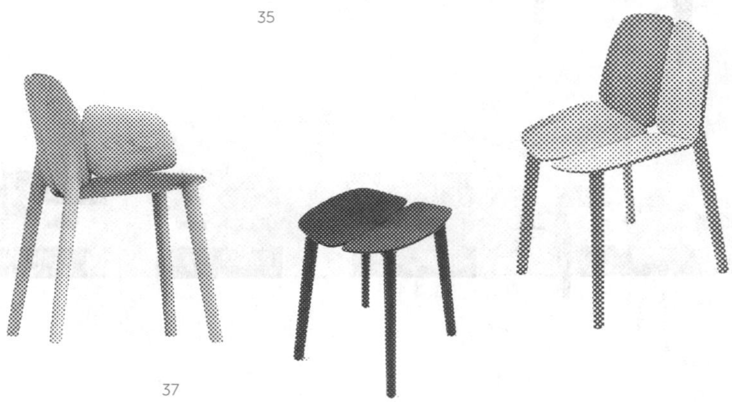
37

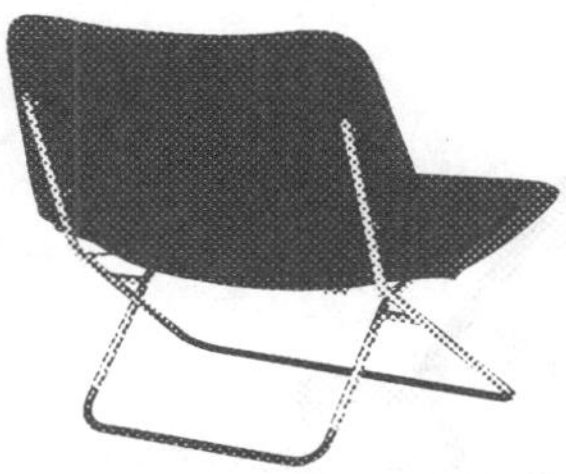
38

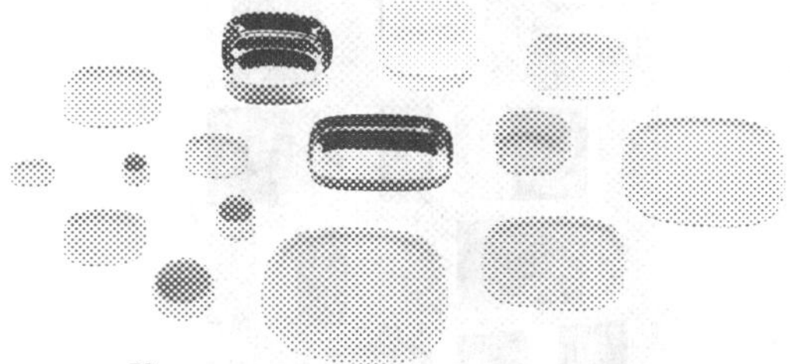
39

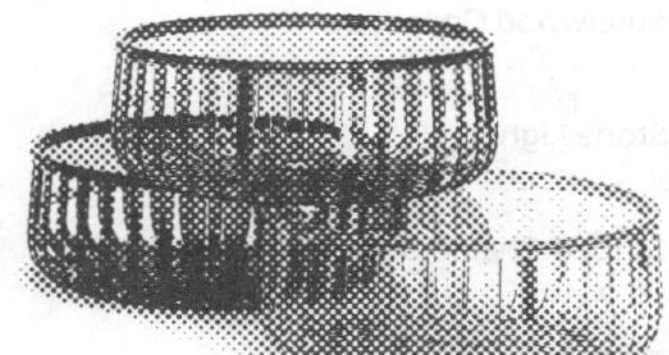
40

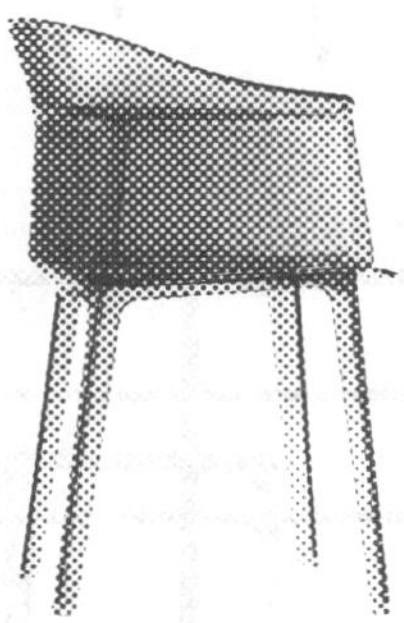
41

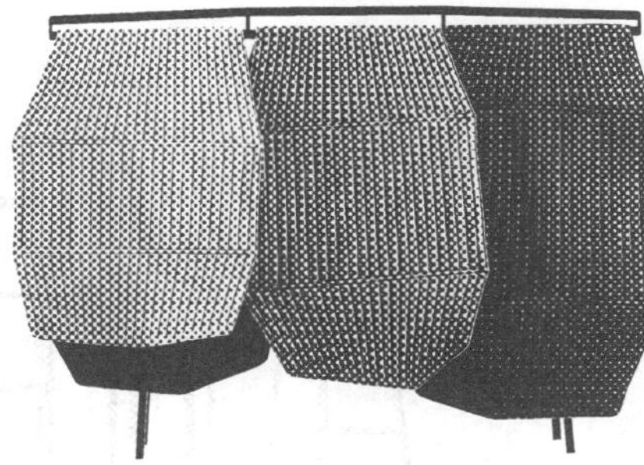
42

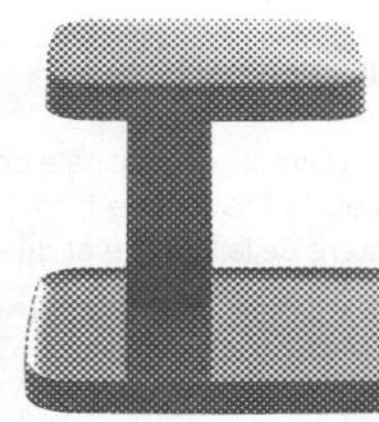
43

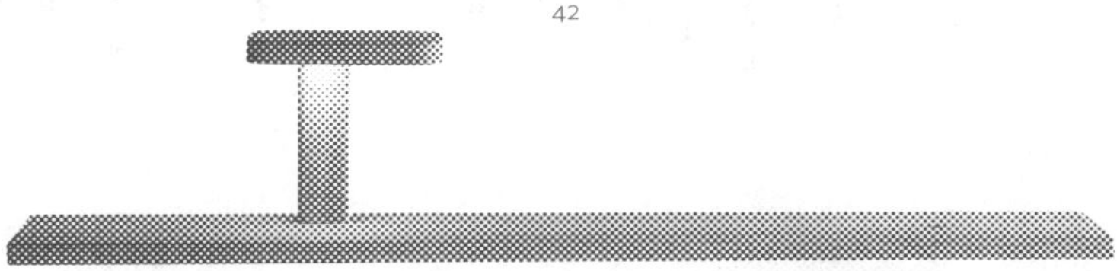
44

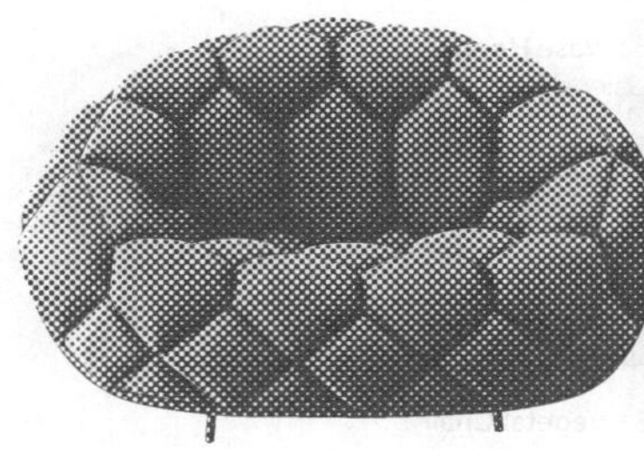
47

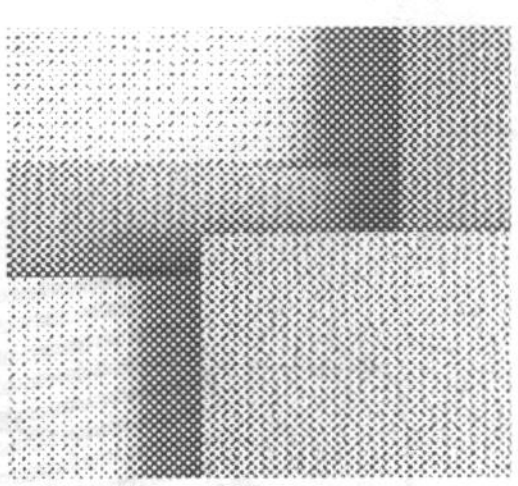
45

46

50

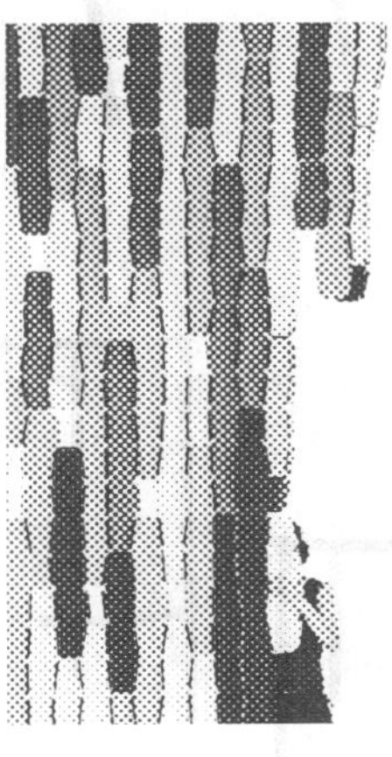
48

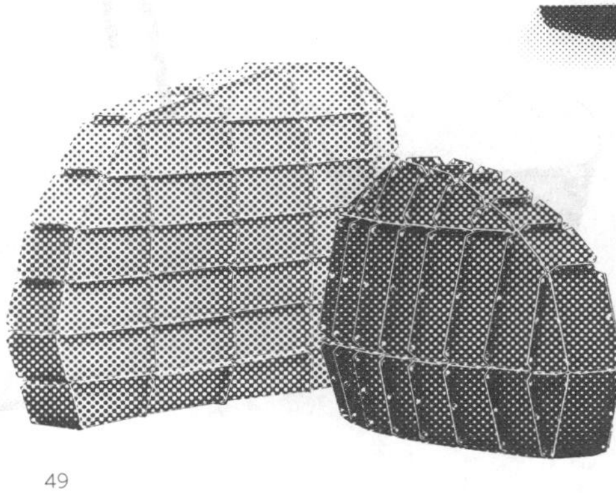
49

51 **Self Shelf**
Vitra, 2004

52 **Slow Chair & Ottoman**
Vitra, 2007

53 **Soft Shell Chair**
Vitra, 2005

54 **Steelwood Collection**
Magis, 2007

55 **Stone Light**
Swarovski, 2007

56 **Striped Chair & Striped Armchair**
Magis, 2005

57 **Table Box**
Vitra, 2004

58 **Tambour Collection**
Magis, 2011

59 **Textile Field**
Kvadrat, 2011

60 **Torique Collection**
1999
Commande de la Direction régionale des Affaires culturelles de Provence-Alpes-Côte d'Azur, du ministère de la Culture et de la Ville de Vallauris

61 **Twigs**
Vitra, 2004

62 **Vase carré**
Galerie kreo, 2001

63 **Vase carré**
Cappellini, 1999

64 **Vase Honda**
Galerie kreo, 2001

65 **Vases cailloux**
2002
Commande de la Délégation aux Arts plastiques, ministère de la Culture, France

66 **Vases combinatoires**
Néotu Gallery, 1997/Cappellini, 1998

67 **Vegetal Chair**
Vitra, 2008

68 **Wajima Lamp**
Japan Brand, 2009

69 **Worknest**
Vitra, 2007

Cercles
2011
Application iPad™
En collaboration avec Alain Bellet, Fritz Menzer
Centre Pompidou-Metz

Studio/Conception/Fabrication
2011
Trois films
Durée totale : 12′ 40″
Réalisation : Benoît Rossel
Image : Javier Ruiz Gòmez et Benoît Rossel
Son : Raphaël Sohier
Montage : Anne-Laure Viaud

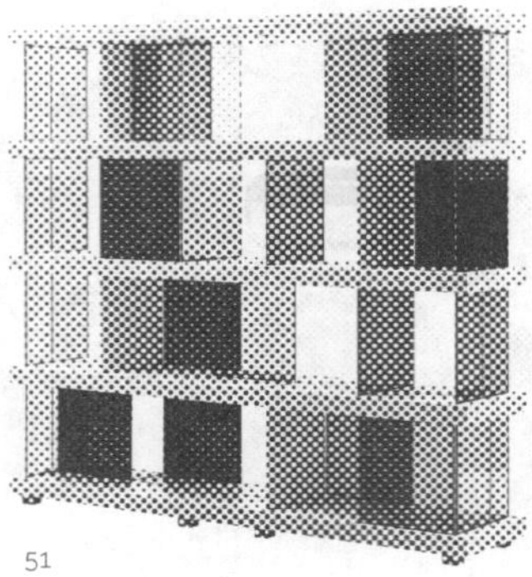
51

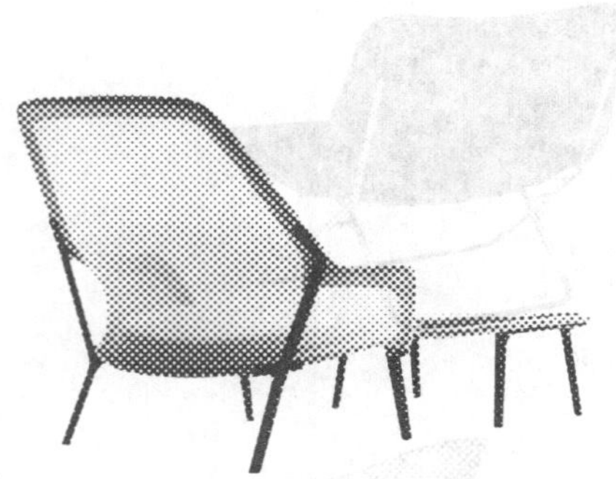
52

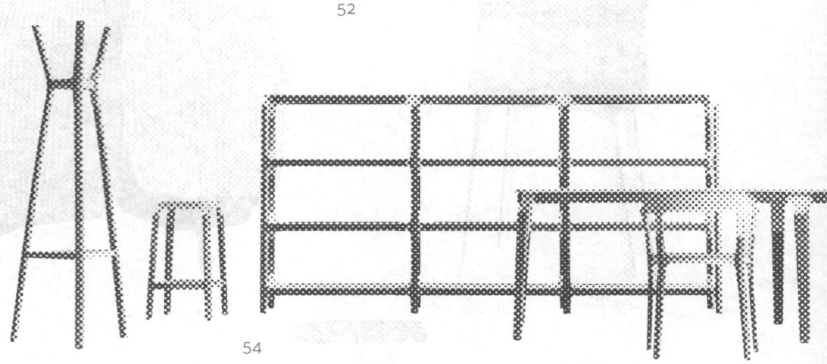
54

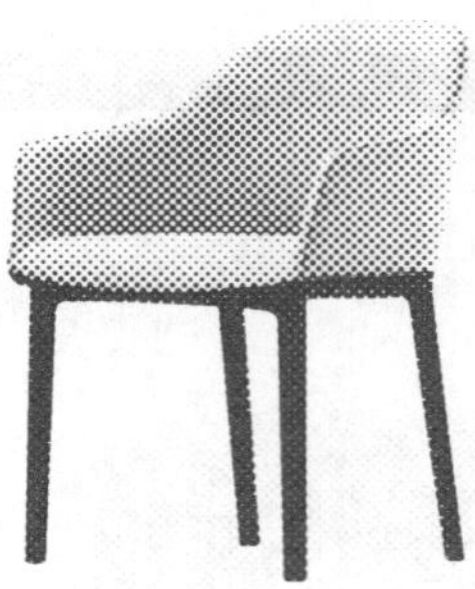
53

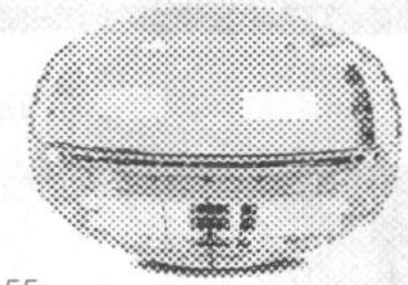
55

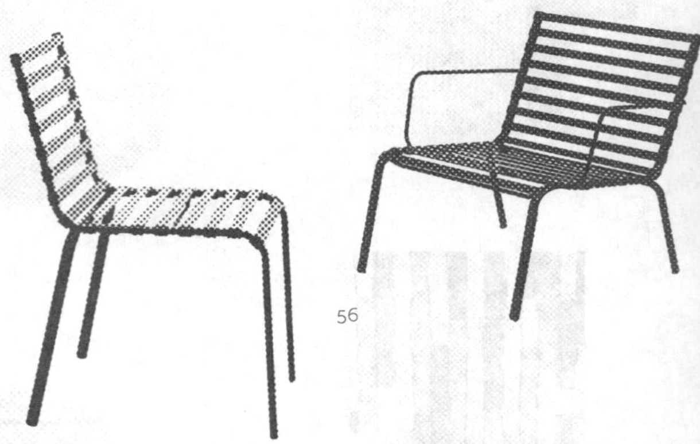
56

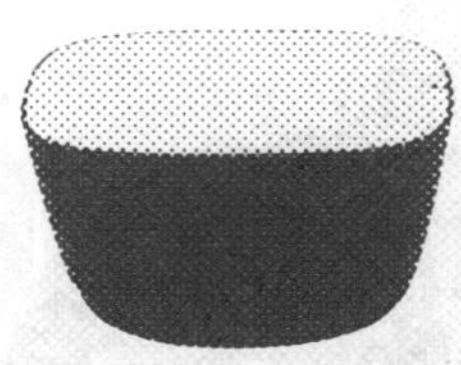
57

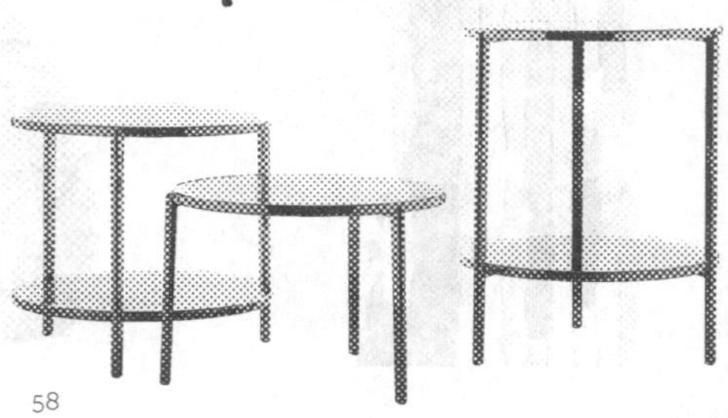
58

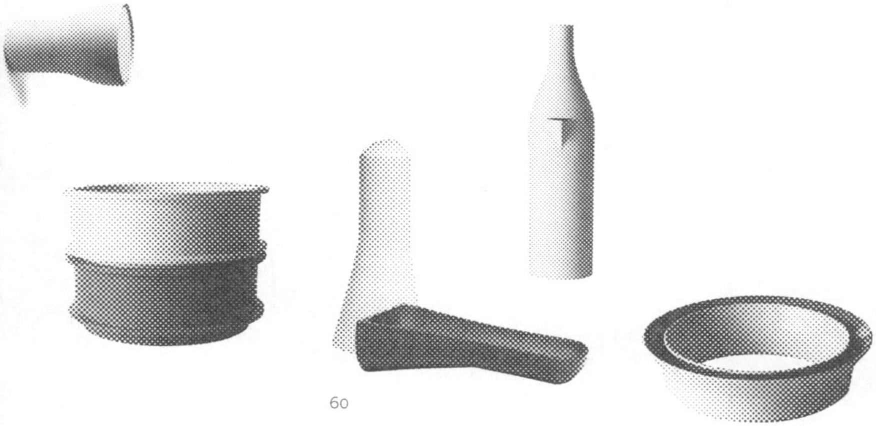

60

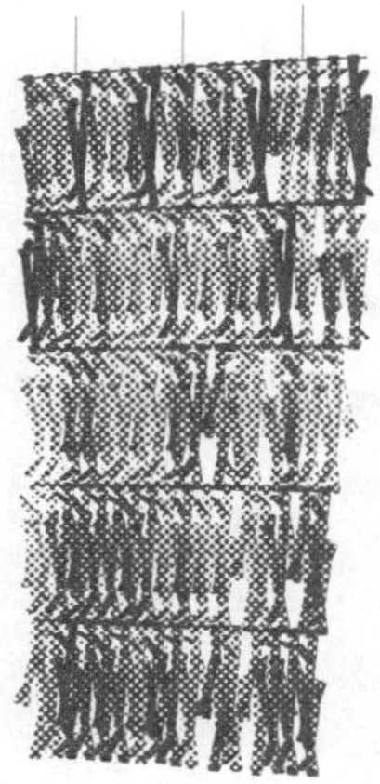

61

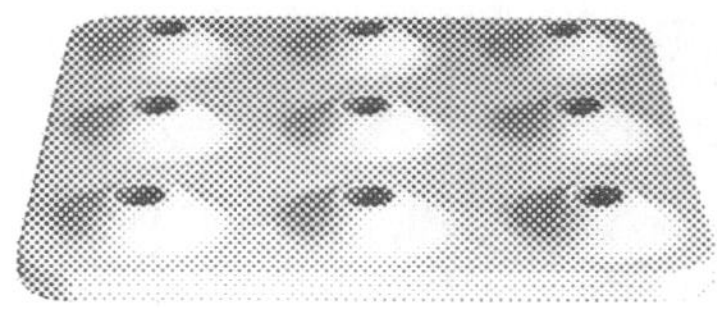

63

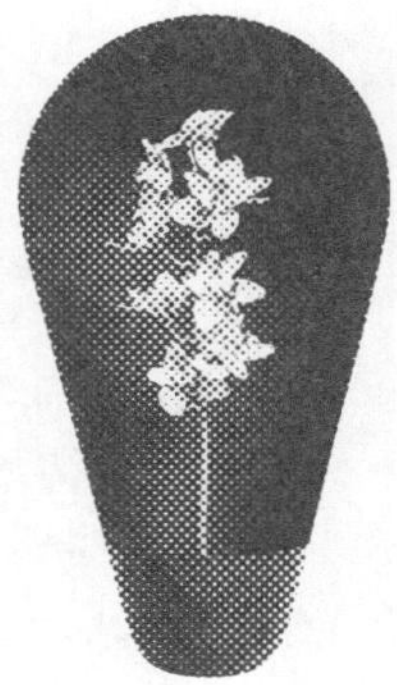

64

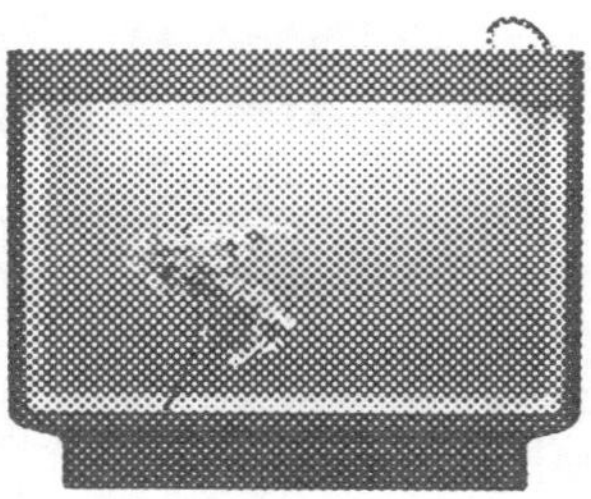

62

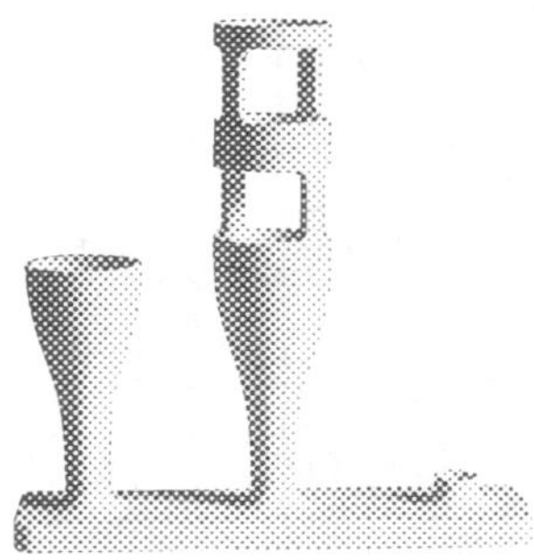

66

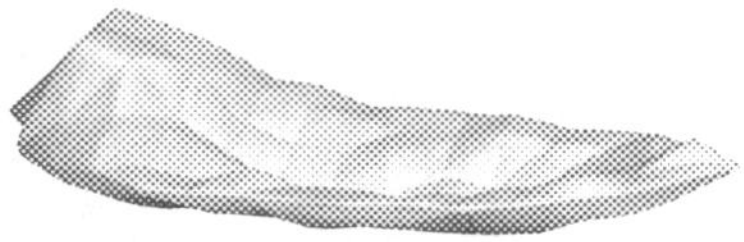

65

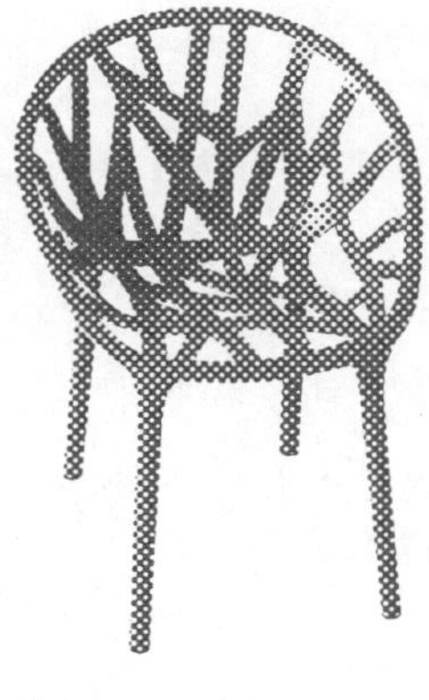

67

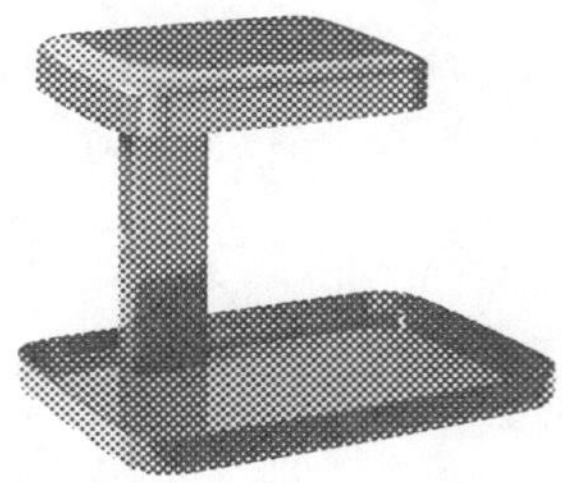

68

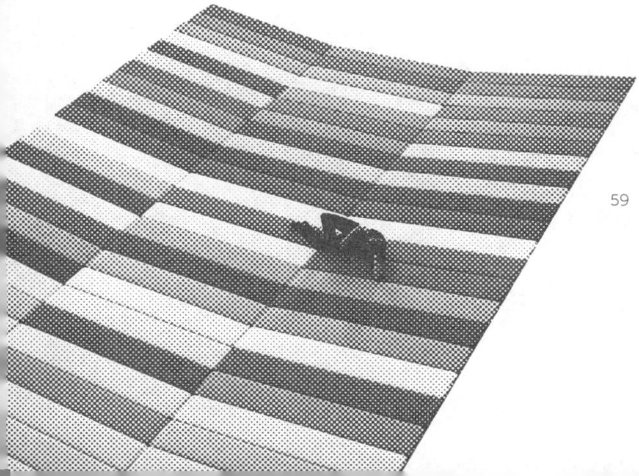

59

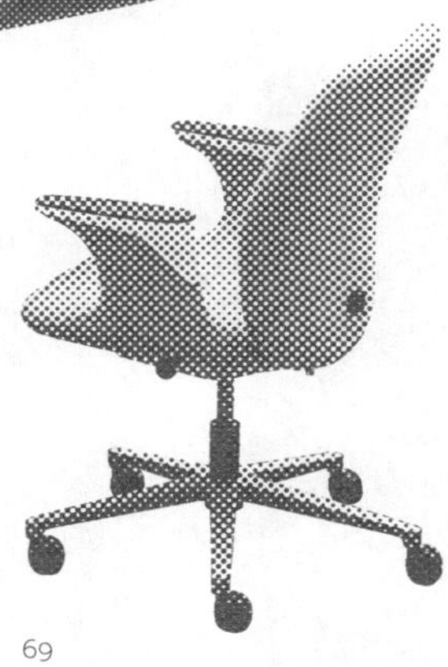

69

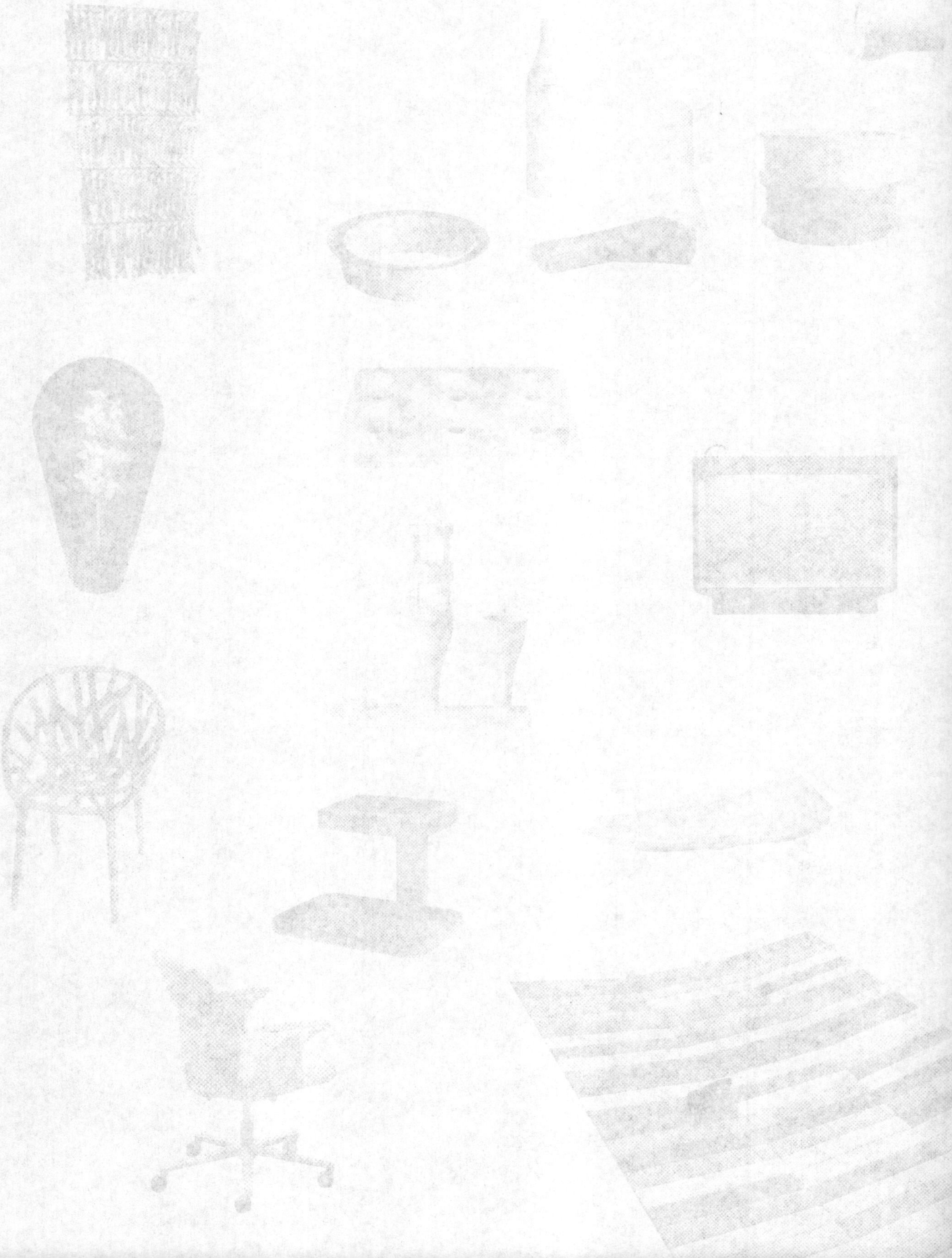

FOREWORD

Invited for the first time to realize an important monography in a French public institution, Ronan and Erwan Bouroullec present at the Centre Pompidou-Metz, from October 2011 to July 2012, a selection of their production made during the past fifteen years. Alternating plays on scale, transparency and superposition, the scenography of this exhibition, entitled *Bivouac*, has been conceived solely with elements of their own creations.

Following Ronan and Erwan Bouroullec's international career, this first monographic exhibition proposed by the Centre Pompidou-Metz, while honouring the field of design, is faithful to the pluridisciplinary spirit that has animated the Centre Pompidou since its beginnings. With a collection of over four thousand objects, prototypes and preparatory sketches, the Centre Pompidou's design collection was well prepared to accompany this show of the two brother's work. Hence the *Soliflore* vase, realized early in their career and then produced by Cappellini, which entered the collections as soon as 1997, shown alongside other key pieces in the exhibition, such as the *Lit clos*, the *Hole chair*, the *Twigs* wall partitions, the *Algues* and the *Tiles*.

Installed in the spectacular and already emblematic Galerie 3 of the Centre Pompidou-Metz, the Bouroullec brother's marvellous *Bivouac* unfolds in the pages of this publication. Ephemeral and transitory in essence, conceived by the designers as a possible state of their continuous research, like a snapshot of nomadic thinking, the exhibition is prolonged through this catalogue that emphasizes views of the arrangement. Following the example of the spectator's path through the gallery, this book is a stroll amidst research projects and finished objects, as well as productions that are both industrial and crafted. *Bivouac* highlights the large variety of Ronan and Erwan Bouroullec's creations, as well as the economy of production in their work. Collaborations with the most famous design companies may be seen alongside unique objects, different stages of their research and over three hundred freestyle drawings hung in a spectacular manner in the gallery.

I would like to thank Ronan and Erwan Bouroullec for their sense of high standards, generosity and sensuality displayed in this proposition that offers an oneiric, marvellous, light-hearted dialogue with the Centre's architecture and the landscape of Metz.

Alain Seban
President of the Centre Pompidou-Metz

Translated from the French by Emmelene Landon

MEETING THE BOUROULLECS

Alice Rawsthorn

The first time I met Ronan Bouroullec was in May 2000 at Café Français on Place de la Bastille in Paris. Ronan was twenty-eight at the time, and looked much as he does now – slender with delicate features, a determined gaze and short-cropped curls in what we British call a "dirty blonde" colour – except that he was even skinnier and paler, and more diffident in manner. He spoke very softly, as he still does, but so hesitantly, as he wolfed down his Croque Monsieur, that I started to feel guilty about questioning him.

I had asked to meet Ronan to write about his work for the *Financial Times*, where I was then the design critic. Some of his early projects had been published in design magazines, and seemed unusually refined for such a young designer, both in terms of the rigor with which he had thought through the original concept, and their execution. I was also intrigued by the generosity of his work, much of which was designed to be customized by the user, which was rare at the time. You could slot together the pieces of his polypropylene *Vases combinatoires* to create vases of different sizes and shapes; and make the *Cuisine Désintégrée* larger or smaller by adding or subtracting components as your cooking requirements changed, as well as dismantling it if you wanted to take it with you to a new home.

Our meeting took place a few weeks after the Milan Furniture Fair, where I had seen the *Lit clos*, an elevated sleeping cabin designed for the Italian company Cappellini by Ronan's younger brother Erwan. It had the same spartan aesthetic as Ronan's objects – simple, yet resolved – and somehow succeeded both in evoking childhood memories of climbing up to tree houses, while being refreshingly practical, especially for twenty-somethings like the Bouroullecs who lived and worked in the same open-plan spaces, yet might want some degree of separation between the place where they worked and slept.

Ronan explained that Erwan had started to work with him the previous year after leaving art school, initially as his assistant and, more recently, producing his own pieces. Their parents were not very happy about it. The Bouroullecs had been farmers near Quimper in Brittany for generations. According to Ronan, he had not done particularly well at the local high school, or at the first design school where he studied at in Paris, although he had come into his own at the second, the École Nationale Supérieure des Arts Décoratifs. Whereas Erwan had been a star student, and their parents had high hopes of him becoming a doctor or an engineer. Instead, Erwan had insisted on going to art school and on joining Ronan, who had subsisted on government grants since graduating from design school while trying to launch his career from a grungy lock-up in Saint-Denis.

Ronan had needed Erwan's help because Giulio Cappellini, the Italian industrialist who had championed a series of successful furniture designers, including Jasper Morrison and Marc Newson, had offered to manufacture some of his early designs, after seeing the *Cuisine désintegrée* at a 1998 exhibition in Paris. Cappellini had also produced new pieces by both brothers, which had already resulted in the aluminium *Hole chair* and upholstered *Spring Chair*, as well as the *Lit clos*. They had received other commissions too, including one for *Torique*, a beautiful collection of ceramics produced with the ceramicist Claude Aïello in the Provencal town of Vallauris.

As a design critic, I meet lots of ambitious, talented young designers, but design is such a demanding discipline, and the design world so competitive, that very few of them will be successful, however hard they try. The handful who do succeed (and, by that, I mean *really* succeed on an international scale by producing work that is so strong and so distinctive that it changes our lives in some way) do so for such dramatically different reasons that it seems foolish to generalize but, in my experience, they all have three non-negotiable qualities: a) the ability to produce a singular design style, which is not only completely coherent but applicable to a range of different products, materials and processes; b) complete confidence in their own work; and c) an absolute determination to realize it.

When I first met Jasper Morrison and Marc Newson,

at similarly early stages of their careers, it was evident that they had all of those qualities, leaving me with no doubt that they would fulfil their ambitions and potential. And, despite his diffidence, I felt exactly the same about the shy, softly spoken young Frenchman at Café Français. He seemed so strong, resolute and in command of his craft. The next day I spotted two of the *Torique* carafes that the brothers had made at Vallauris in Colette, and bought them.

Their subsequent work was equally compelling, and when I became director of the Design Museum in London the following year the Bouroullecs were on the very short list of contemporary designers whom, I believed, we should introduce to a wider audience by giving them an exhibition.

It was during the research and planning for that show that I got to know Erwan, who looked – and still looks – very like Ronan, but conforms to convention by being lighter in spirit, more playful and irreverent than his older brother. (As I, too, have an engagingly mischievous younger brother, I have always been charmed by Erwan, and sympathized with Ronan.) The psychodrama of siblings is unfailingly fascinating, and it was evident that the Bouroullecs complemented each other perfectly and, despite bickering persistently, had a solid, unspoken bond.

Putting on an exhibition is extraordinarily tense. As deadlines loom and unexpected problems occur, you get to know your collaborators very well: whether for better or worse. Working with Ronan and Erwan was a pleasure, as they were unerringly honest, reliable, pragmatic, thoughtful, resourceful, funny and sweet. And although they have since gone on to become so influential and so successful, they are exactly the same today.

Alice Rawsthorn is design critic of the *International Herald Tribune*.

AIR AND INFORMATION

Éric Troncy

The modalities upon which an exhibition presents itself to us and how it manages to speak to us, meaning the corpus of decisions that also includes its title, the staging of objects whatever these may be, along with the choice of these objects, its geography, the pedagogical material it feels its duty to burden itself with sometimes – as if we couldn't be trusted to perceive its meaning, or as if the expression of the exhibition couldn't be trusted –, its scenography, of course, which today seems to matter more than anything else, in short, the exhibition's own language, will always, without fail, teach us about the actual nature of the objects exhibited and about the nature of the relationship the exhibition's author maintains through them. In the same manner, the modalities according to which an object or a work of art speaks to us (in this case, as well as in many others, it seems to me that this distinction no longer signifies much today) teach us as much about the author of the object or work of art as about the idea he has about us.

To all the theoretical hypotheses that the exhibition, as an event, has given rise to during the accompaniment of its expansion and its proliferation – to Paul Virilio's museum of the accident during the 1980s "to stage a new type of scenography where one only exhibits what explodes or decomposes,"[1] to Jean Baudrillard's hypothesis stipulating that we don't go to museums to see works of art but to be seen by them –, we may now add another one: from now on, exhibitions teach us about the dignity of our quality as a spectator, much as objects and works of art do. Some are familiar, others less; some call upon our qualities, others prefer the commodity of our flaws; some encourage us and others weaken us; some appeal to us and others constrain us... The same applies to objects and works of art that either flatter our baseness or speak to our exceptions; they are heavy with preliminaries or straightforward; they call upon our imagination and our oneiric capacity or just do their job.

The fact that Erwan and Ronan Bouroullec's exhibition is called *Bivouac* – when in fact it covers over 1000 square metres of the Centre Pompidou-Metz and, although not explicitly admitting it, fifteen years of work – is not foreign to the way we perceive it; its literal status of being a "temporary camp", far from being the sign of affected modesty, posed as a form of preamble to what we are about to see, delivers in the most direct manner the reality of uncertainty – along with a few convictions. Nothing here, therefore, will be established, everything will be temporary, like a step, and will certainly have nothing to do with "glamping" (an unfortunate contraction of "glamour" and "camping" read in a woman's magazine last September). The scenography, or rather its absence (in any case in relationship to what we are used to with exhibitions, especially design exhibitions), has received support from this intuition, since the objects themselves are exhibited, marking and structuring the space around them as delicately and as steadily as the pot plants in Kazuyo Sejima and Ryue Nishizawa's *Flower House*. These objects (creations, productions and works of art) are delivered here in their bare skin, in a sort of organized destitution with the firm, legible intention of re-qualifying the inevitable negotiation between them and the spectator's view.

The relationship between man and objects is opaque, everything does not appear under the light of the sun. Certain objects bring happiness, others do not. The culture of projects has lost this charisma and, in a more and more sanitized culture of the masses, objects bear witness to this, thanks to their shamanic function that connects everyday reality to a deeper and unexplored dimension.[2]

I refer here to Andrea Branzi's views, who also considers "architecture as corresponding to a democratic, fluid, weak, elastic society, devoid of ideology, that produces projects as the result of a diffuse, genetic energy, deprived of metaphysics".[3]

Thus the creations of Ronan and Erwan Bouroullec, who fight with a very elegant discretion against the inevitable polysemy of objects, and through these objects, against ordinary tricks and strategies, in order to concentrate upon *something else*: something in the order of the "deeper and unexplored dimension" in which a "dematerialized" work of art, for example, could not even grasp the opportunity of being "re-materialized".

Naturally, many of the objects are primarily concerned with the possibility of reconfiguring space (*Brick*, 2000; *Grape Carpet*, 2001; *Cloud Module*, 2002; *North Tiles*, 2006 and so on). The module *Algues* (2004), for example, that was so spectacularly successful, and whose usage is strictly decorative, precisely offers this possibility, and, when presented by Ronan and Erwan Bouroullec themselves, this seaweed ensemble often takes on the form of irregular volumes, conferring upon this "expansion" a more disturbing character. Indeed, with the certainty that green seaweed is asphyxiating the oceans, these *Algues* clearly indicate that if one wants to chop up space too much it becomes smothered. Like Félix González-Torres' *Stacks*, in which the desire to possess, once rendered possible, a "fetishist" piece of paper composing the work of art, brings the spectator to assume the burdensome title, the seaweed's desire to expand is not without consequence. Like the titles that Ronan and Erwan Bouroullec have borrowed from nature (*Clouds*, *Algues*, *Lianes*, *Soft Shell*) and whose usage, for them and for us, supposes an agreement of *responsibility*.

Through depriving objects of their user's value, the exhibition is all the more uncomfortable for design, because the objects in question express themselves all the better since their usage modifies he who ventures there. Inevitably reduced to the state of being constant, or as witnesses, the objects of Ronan and Erwan Bouroullec are presented here in a "bivouac", as if they were staying the night. The brothers' intervention at the Victoria and Albert Museum during the London Design Festival in September 2011 gave both the measure and the ambition of this usage. The specific installation was *Textile Field*, set in an impressive exhibition hall of the V&A, consisting in an equally impressive structure on the floor (30 × 8 metres), slightly folded at the sides, more simply sculpted than a furtive plane but thereby keeping up an ambiguous relationship with air and information; its cladding of material organized in bluish modules, like a sort of pixelized ocean; the unquestionable requalification it inflicts upon space and shifting; the responsibility it supposes (are we looking at an altarpiece or a painting by Raphael, lying flat?) and the freedom it indicates (why not look at works of art in this manner during a defined moment in the lifespan of these works?); the ceremonial aspect implied (taking off our shoes in a museum); the experience it proposes (we are reminded of Pierre Joseph's *Sol mou* in 1991, spread out to the scale of a room, disturbing the spectators' stability); the feminization that it applies to the virility of space: everything comes together here to finally bring about another way of viewing artworks from another time, by redefining the intimate relationship between the spectator and the object of his contemplation, with the ambition of making a used experience possible once more.

In the movement in which galleries (where they often appear to start, in a manner that is not as preliminary as one would think) naturally draw the brothers towards a more organized production where sometimes their material is exchanged for another, curiously, Ronan and Erwan Bouroullec's objects do not lose the excessive ambition of not only speaking to our reason, but also of exciting our spirit, of soliciting our reforming capacities – that place of dignity, that is, indeed, the only place within ourselves to be addressed by works of art.

Translated from the French by Emmelene Landon

Éric Troncy is an art critic, curator, editor of the review *Frog* and co-director of Le Consortium, Contemporary Art Centre of Dijon (France).

1. Paul Virilio, "Le musée de l'accident", in *Art Press*, no. 102, April 1986, pp. 13–14.
2. Andrea Branzi, *Louis XXI, porcelaine humaine*, Bernard Chauveau Éditeur, Paris, 2010.
3. Andrea Branzi, "Pour une architecture enzymatique", translated from the Italian by Étienne Schelstraete, in *Andrea Branzi*, brochure published for the exhibition at the Frac Centre (15 October – 30 December 2004), n.p.

OBJECTHOOD

Valérie Mréjen

Stripe(d). It was quite proud of the way its name sounded foreign, even if it didn't exactly know from what faraway country it came from, but it had already noticed several times the way people opened their mouths slowly when pronouncing it, as if they were starting to yawn, and this reminded it of how useful it happened to be because, as soon as someone was slightly tired or needed to sit down, it was there precisely for that reason. Its favourite season was undoubtedly summer: the peak of its activity, its moment of glory, and sometimes it was used for entire afternoons when people came to read under the trees or to sunbathe, completely relaxed and languid, and sometimes people even fought over it when there weren't enough chairs around. It was never alone for long on Sundays when the weather was pleasant. It preferred the occupiers who came up to it with a fat book under their arm, looking dreamy and melancholic, because they'd remain deeply absorbed in their saga and would sometimes even fall asleep, which filled it with pride. But it would always apprehend times when, from a summer basket, it saw celebrity press magazines recognizable from the predominant pink colour of the polka dots and streamers all over their covers, because it was almost certain that that meant it would have to prepare itself for a short visit, bear the sight of a colleague used as a footrest, and listen to not-always fascinating phone conversations. Once, a child went to play and left a comic book behind, open and leaning on the backrest. He had turned it upside down so he'd be able to find the page he was up to easily, and so the wind wouldn't hurry him to finish his reading, following one of its horrible habits. Thus *Stripe(d)* had caught sight of a few drawings, and in particular a drawing of a chair that could have been a remote ancestor thanks to an air of false resemblance, bearing a panel written

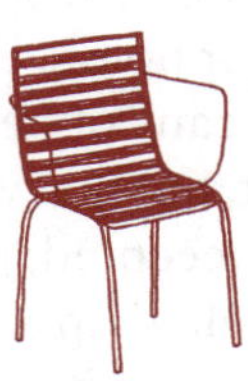

"Careful wet paint", although an absent-minded little character had just sat down. In the next drawing, he was seen standing, his clothes completely striped, which made him look like a prisoner. It didn't understand the meaning of this scene, but guessed that it was supposed to be funny, destined to provoke that mysterious thing, laughter, that made people jerk and chuckle, a reaction it slightly dreaded because of the vibrations.

The combinative vase was on the *Steelwood* table. It appreciated being manipulated by expert, skilful hands that never stopped trying combinations, even if it sometimes felt like it didn't know what it was after being so totally transformed. That was part of its personality, so

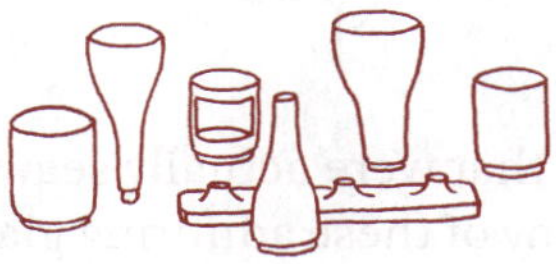

to speak: having to instantaneously adapt itself to its new aspect. When it was assembled as a single piece, the elements piled up in a column made it resemble a proud bottle, and it quickly adopted the lofty attitude required by this new form, developing an exclusive and even possessive penchant for a single high-stemmed flower, a sweet william or a peony, which both fit in with grace and solemnity. If, on the contrary, its pieces had been scattered and spread out over a large surface, it started to feel rather eccentric, completely open to the mixing of plant styles and families. In an original style it managed to renew each time, it took on the responsibility for placing wild flowers next to orchids, or different types of leaves next to branches and ferns, or even artificial flowers, although that was quite exceptional.

Above it someone had hung a *Cloud*, but since it rarely had the occasion to be outside and observe the sky, it hadn't made the connection with real clouds and thought the form of the celestial concoction was more like flowers growing in the rainy regions of Brittany. It liked hydrangeas, because once dry they could still be kept, and so they stayed around longer than other flowers, which allowed them to become friends.

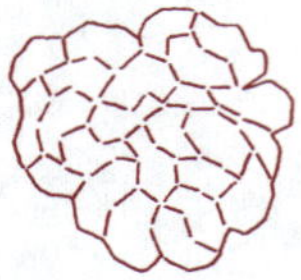

As for the cloud, it showed a lively interest in a sliding wall made from the same extensible model as itself, but whose elements seemed quite mysterious, like a type of plant it had seen washed up on beaches and whose larger part, it guessed, could be found under the sea, a place it had never seen with its own eyes and where, of course, everything seemed completely fascinating. The plants were graceful and seductive with their curving lines that evoked the hair of marine creatures.

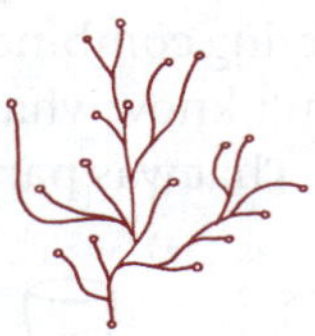

These plants, that were actually seaweed, however, hadn't noticed any of these admiring glances, because all their different extensions were too busy trying to get used to one another. They were always a bit annoyed at first when they were moved to be hung next to other ones, but, fortunately, their good-natured disposition led them to be happy with their new neighbours and to forget their former ones. They were more attracted to a large stone that reminded them of fairy tales in which a hero, unfairly pursued by fate and mistreated by some evil master, found himself, after opening a trap door in

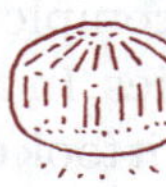

order to flee, in a magic orchard where the trees were gold with crystal fruit. Maybe there was also a faraway reminiscence of aquatic organisms that reflected the light of the sun, they had heard: in short, they were in love with this mineral thing that shined as brightly as ever. When night fell, the fairy-like object allowed people to read and stay awake a little longer before going into its box-bed.

Certain objects developed a special sense of complicity. In this manner, the folding screen and the alcove

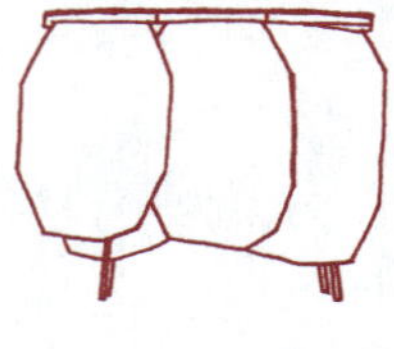

got along well together: they both shared the same taste for secrecy and discretion, even if the folding screen was a little more voyeur, at least by one of its sides. They took

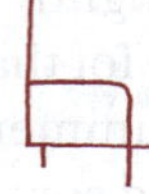

their mission to protect things from others' sight most seriously, and were not at all in tune to the notion of transparency that has been in vogue recently (they were able, in spite of their discretion, to catch a glimpse of the titles on the piles of magazines on the *Metal Side Tables* that were set out in front of them, or hear mention of these things from passers-by). They were, on the contrary, convinced that opacity was the key to happiness and could prove it thanks to a sentence they'd heard,

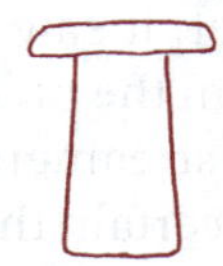

proudly pronounced by a celebrity wearing sunglasses and who had honoured them with her visit, while a tape recorder was placed upon a tray and the interviewer stretched out his arm holding a microphone: hidden living is happy living, she had murmured.

The carpet, which didn't like people in a hurry, spread out at their feet. Nothing was more annoying for it than feeling people come and go at top speed or trample over it making folds: it preferred those who took their time, and above all those who deigned to lie down on it to read a magazine or relax, or sit down with friends and talk for hours, even if that meant that some would put their cans of beer or soda that might be spilled directly on it, but that was part of unforeseen events that had to be accepted, just like the wheels of the toy cars children rolled up and down and that flattened the wool. As strange as it may seem, it loved being beaten, because it could breathe better afterwards and felt refreshed. It was often left hanging over a void under a balcony, which, on the other had, made it feel queasy because it was used to being on flat ground. High ledges made it feel dizzy, as well as the terrifying elements it was confronted with: impressive surfaces of different materials one calls facades of buildings, glass hatches that opened and closed with a thunder-like noise and a little squeak, big, scruffy, crippled birds it was afraid of because they might land on it, since it could see that everyone shooed them away at their slightest cooing, and there must have been a good reason for that. Its worst nightmare was being rolled, not because it feared being swindled, but because it felt better when it was spread over the ground, and when visitors admired its diamond-shaped patterns and intense colours.

They were all a large family, reunited on important occasions. When the door of the cupboard they were kept in opened and they were transported one by one to the table, always more or less in the same order, they knew they were going to take place in an event in which discussions they wouldn't be able to understand would flourish although they'd strive to follow, in spite of the deafening shock made by cutlery on their porcelain surface, especially when the knives cut up pieces of food

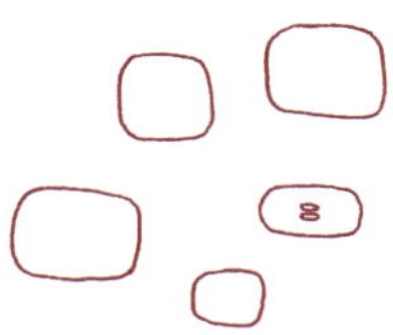

the forks then stuck in to. This almost always happened in the same sequence of events: at the beginning of the meal, the guests were rather calm and poised, speaking in whispers about how tired they were after a day's work, swearing they'd have to leave early because they had so much to do the next day, and then, as the glasses were emptied and refilled, the tone of voices would grow louder and flare up, and it would become more and more complicated to grasp what people were saying because everyone would speak at the same time. Some people would dispose parts of their food more or less artistically to form patterns, drawing mouths with balls of bread, a lock of hair with a spaghetti or features of a face with cherry stalks. The small plates were brought back to the kitchen before the larger ones, and usually the wine glasses stayed longest, sometimes brutally knocked over by an awkward hand, whereas a rainfall of salt would crash upon the stained tablecloth and people would proudly state that wine should be poured over it, too, although no one was worried about the poor glass.

The office chair, called *Worknest*, was capable of feeling the degree of nervousness in its occupier as soon as he sat down at his desk in the morning. There were days when he span around non-stop, from right to left, with small, jerky movements making the wheels work vigorously, effecting rapid movements brought on by feet unable to stay still. It didn't appreciate moments when, in a forceful thrust, the occupier moved forward to grasp a file behind him, or any object further away on the shelves, but not enough to stand up, which meant a brutal gesture would sometimes make it crash into the wall. When it was picked up to be transported into a large glass room where strange meetings took place, it found itself amongst what must have been its colleagues, and there, it understood its enviable situation and position.

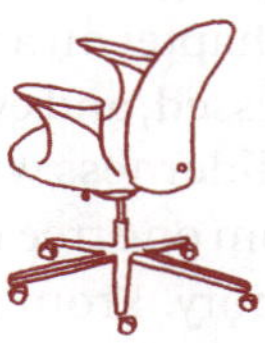

The other chairs were poorly designed, badly made, with ugly bodies in dull, grainy plastic and holes in the material that let yellowish foam come through that the employees, plainly anguished and bored, had often torn at nervously or drawn on with biro pens, and it was especially systematic that when the chair was supposed to have five wheels, at least one was either stuck, broken or missing.

The chair was looked upon with envy and jealousy by all those other office chairs that, full of bitter resignation, were waiting for the day when they'd be put out in the street, run aground like the reddened fir trees after Christmas, knowing very well that little punks would come and jump on them without the slightest consideration and then spin them around till exhaustion, before abandoning them once their brutal games were over to tramps who would then offer them a new life. It knew it was well designed and built, solid and pleasant to look at, sheltered from the dangers that await its much cheaper fellow chairs. It supposed that it would accompany the employee who came in every working day to put his arms on the armrests till the end of his career, and that it would undoubtedly be there for the party given for his departure, when, after several decades spent in the company, it would say farewell with a tear in its eye to joyful although emotional colleagues, to retire also itself.

A series of creepers was hanging from the ceiling. These lamps had a thirst for knowledge and were instructed upon the slightest occasions. They liked to have clear views onto a book or a screen they were to light

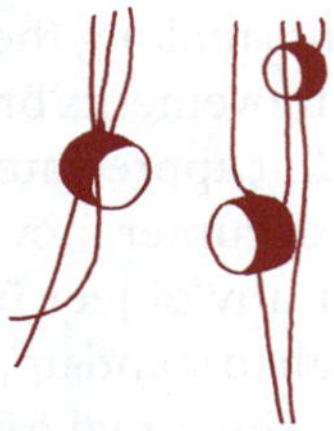

up, and bent backwards if there was something to be learned. They looked for the perfect position to follow the documents the reader sitting at his table or armchair was consulting. One day, they were astonished to come across pictures of the jungle. It was a book on Hollywood, and there was a chapter on a movie called *Tarzan*. They were greatly impressed, and even rather disturbed: these pictures of the wilderness with a man in leopard underwear jumping from one tree to another remained engraved in their memory. From time to time, they'd discreetly sway, making the most of a gust of wind from an open door or help from a fan to find the best position. They could read over shoulders and bend about till the end of the night, until a merciless hand would switch them off. Curiosity was their only flaw. They discovered a catalogue about two brother–designers whose world seemed familiar to them, and the creeper lamps recognized themselves over several pages. They were so proud that they turned imperceptibly around to present their best profile.

Drawings by Valérie Mréjen
Translated from the French by Emmelene Landon

Visual artist, writer and filmmaker, **Valérie Mréjen** started making videos in 1997 and has participated in many festivals and exhibitions in France and the world. The Jeu de Paume held a monographic exhibition on her work, "La place de la concorde", in 2008. She has written *Mon grand-père* (1999), *L'Agrume* (2001) and *Eau sauvage* (2004), published by Allia, and *Forêt noire* (2012), published by P.O.L. She directed her first feature film with Bertrand Schefer, *En ville*, selected by the Cannes Quinzaine des Réalisateurs in 2011.

RONAN AND ERWAN BOUROULLEC: INTERFACE

Alex Coles

In a market place that is glutted with limited edition design objects that are to be collected rather than used, the designs of Ronan and Erwan Bouroullec stand out. Primarily this is because of the way they prioritize user interface. Instead of "how does this design look?", the key question driving their design process seems to be "how will this design feel in the hands of the user?"

Given the Bouroullecs' emphasis on the role of the user – highlighted in designs as various as *Joyn* (2002) and *Slow Chair* (2007) for Vitra, *Audiolab* (2002) for Galerie kreo (2002), and the recent *Textile Field* (2011) for Kvadrat – a theory of user interface is crucial to understanding what they have achieved in their designs to date. A theory of user interface was first developed not by a design theorist but by the anthropologist Marcel Mauss – appropriate given how the notion of user interface is premised on questions pertaining to the ergonomics of different lifestyles. In "Techniques of the Body" (1934) Mauss describes how the body is "man's first and most natural technical object, and at the same time his first technical means".[1] This leads Mauss to an investigation of the body's various techniques, particularly how the body is used to walk, swim and sit. To explain his theory, Mauss turns to the example of the squatting child, bemoaning how adults have forgotten how to use the technique of squatting. "When we made a stop in mud or water," Mauss writes, "[my companions] could sit down on their heels to rest, and the *'flotte'*, as it was called, stayed below their heels," whereas "I was forced to stay standing up in my boots with my whole foot in the water."[2] The "way of sitting down is [a] fundamental" technique of the body, concludes Mauss.[3]

The writings of the design theorist Gui Bonsiepe, which actively extend Mauss's account of the role of user, are invaluable in arriving at a richer understanding of how interface specifically relates to product design. In "Design: From Material to Digital and Back" (1992) Bonsiepe writes that "interface is not a material object, it is the dimension for interaction between the body, tool and purposeful action".[4] The interface, Bonsiepe continues, "is the central domain on which the designer focuses attention," because it alone "determines the scope for action by the user of products".[5] Bonsiepe refers to a simple example:

An object only meets the criteria for being called scissors if it has two cutting edges. They are called the effective parts of the tool. But before the two cutting edges can become the artefact 'scissors' they need a handle in order to link the two active parts to the human body. Only when the handle is attached is the object a pair of scissors. The interface creates the tool.[6]

Central to the Bouroullecs' articulation of user interface is the emphasis on touch: the feel of a material. The Bouroullecs embed this into their designs during the design process first through drawing on paper, the fabrication of models, and then by a series of prototypes. They and their studio team become the design's first user by actually trying out the prototypes. In this way the ergonomics of user interface are effectively transferred from the design process to the final product.

Bonsiepe couches his discussion of the role touch plays in user interface in terms of how a design must always be what he calls, following the example of Martin Heidegger, "ready-to-hand" and not merely "present-at-hand".[7] In "Forms and Their Purpose" (1991) Bonsiepe writes that it "is one of the achievements of historical functionalism to have thematized the relation between form and function and clearly separated design from the fine arts".[8] For Bonsiepe, "the fine arts [...] pertain to retinal space [...] but the idea of ready-to-hand is not a constituent part of them".[9] Only by "handling things, not by simply staring at them," is the "ready-to-handness of a product" discovered, concludes Bonsiepe – attesting to how touch is a crucial element in the development of any effective user interface in product design.[10] By contrast, the recent trend for limited edition design objects to purely be looked at with designart develops only the optical and not the tactile properties of design.[11]

The way the Bouroullecs' *Slow Chair*, for example, shapes itself around the position of the user's body – and so envelopes it – is the key to the design. "We'd long been captivated by the idea of applying the elasticity and comfort of silk tights to furniture," says Erwan Bouroullec about *Slow Chair*.[12] "In theory, they seemed ideal for making a chair that adapts flexibly to the shape of the body in various positions, rather than having a rigid form determined by the function." Anything extraneous to the process of couching the sitter is expunged from *Slow Chair*. The result: a design that is pure interface. The office system *Joyn* develops user interface in a different direction. "It was important for us to create an open system," says Erwan Bouroullec, because as "we work, we often imagine that we are creating a palette; but the palette is reconfigured by the people who will later use it".[13] The office system can be endlessly reconfigured according to the needs of the user.

To translate user interface from a working model into an object to be industrially manufactured requires a highly developed understanding of the role of the engineer. That the Bouroullecs collaborate closely with the engineers at Magis and Vitra and the other companies they work with is crucial to the realization of their designs. The Bouroullecs' evident empathy with the engineer means they are able to renegotiate the relationship between the engineer and the designer: where the two became separated (the engineer associated with the mass production of anonymous industrial products and the designer to product styling) the Bouroullecs achieve the one only through the other. The *Vegetal Chair* (2008) for Vitra is a case in point since the structure of the seat becomes its lead design feature and forms the web-like pattern that predominates.

Within Bonsiepe's theory of user interface, the designer is the figure who harnesses the technologies of the engineer to the ends of the everyday practice of the user. In "Design: From Material to Digital and Back" Bonsiepe asserts that the concept of interface explains "the difference between engineering and design".[14] For Bonsiepe, a "designer looks at the phenomenon of use with [an] interest that focuses on sociocultural efficiency". But the "categories in engineering," Bonsiepe continues, "do not include user functionality; they are based on the idea of physical efficiency [...] accessed through the means of the exact sciences".[15] Design is the one thing that can build "the bridge between the black box of technology and everyday practice," concludes Bonsiepe.[16] The Bouroullecs and their studio team spend extended periods of time with the engineers in the companies who commission designs from them. During these periods, the intimate studio base of their modestly sized studio in Paris is expanded to temporarily include the engineers' office and the factory floor. It is only by going to these lengths that Ronan and Erwan Bouroullec ensure that user interface is at the very heart of their design process and hence their very distinct designs.

Alex Coles is the author of *DesignArt* (Tate Publishing, 2005) and *The Transdisciplinary Studio*, Vol. 1 (Sternberg Press, 2012) and is the editor of *Design and Art* (MIT Press/Whitechapel, 2007). He is Professor of Transdisciplinary Studies, School of Art, Design and Architecture, University of Huddersfield (UK).

1. Marcel Mauss, "The Techniques of the Body", in Jonathan Crary and Sanford Kwinter (eds.), *Incorporations, Zone 6*, Zone Books, New York, 1992, p. 461.
2. Ibid., p. 463.
3. Ibid., p. 468.
4. Gui Bonsiepe, "Design: From Material to Digital and Back", in Dawn Barrett (ed.), *Interface: An Approach to Design*, Jan van Eyck Akademie, Maastricht, 1999, p. 29. On the development of a theory of the user, and an argument of how this should be incorporated into the design process, see Kin Wai Michael Siu, "Users' Creative Responses and Designers' Roles", in *Design Issues*, spring 2003.
5. Bonsiepe, "Design: From Material to Digital and Back" cit., p. 29.
6. Ibid., p. 30.
7. Ibid., p. 30.
8. Gui Bonsiepe, "Forms and Their Purpose", in Barrett (ed.), *Interface: An Approach to Design* cit., p. 134.
9. Ibid., p. 134.
10. Ibid., p. 136.
11. For more on this trend see my essay: Alex Coles, "The Kernel of DesignArt", in Rolf Fehlbaum and Cornel Windlin (eds.), *Project Vitra*, Birkhauser, 2007, pp. 357–363.
12. Quoted in Kristina Raderschad, "Making of Slow Chair", at http://www.vitra.com/en-gb/collage/design/making-of-slow-chair. Accessed on 26/08/11.
13. Lucia Allais, "Interview with Ronan and Erwan Bouroullec", in *Ronan and Erwan Bouroullec*, Phaidon, London, 2003, p. 44.
14. Bonsiepe, "Design: From Material to Digital and Back" cit., p. 36.
15. Ibid., p. 36.
16. Ibid., p. 36.

THE EXHIBITION AND ITS FRAME

Christine Colin

After their exhibition in Hyères, I asked one of the Bouroullec brothers, Ronan, why he put photographs in little wooden frames. He answered, in substance: "For commodity's sake". Yes, they were simple industrial frames in pinewood, like those you find in department stores to frame snapshots. In this show, they were set up in the indoor pool at the Villa Noailles. Their origin and modest size introduced a curious domestic dimension in the eyes of the grandness and prestige of the place, and especially in the eyes of their content, in particular the photographs of systems for curtains, *Seaweed*, *Twigs* or *Clouds*, all characterized by the injunction "no limit". It was necessary to move away from the exhibition to discover, from the garden or a gangway, its real frame behind the glass facade of the pool transformed into a monumental window display.

When the *Clouds* photographic series was purchased by the Fonds National d'Art Contemporain (FNAC), we spoke once more about frames. Ronan Bouroullec was questioning the nature of these objects. What status should be given to them? The *Clouds* series was unanimously voted into the FNAC's design collection, but without the frames.

In the exhibition *album* realized by Arc en Rêve in Bordeaux, the little frames of white wood were, besides the chairs at the visitors' disposal, the only objects in a show entirely devoted to drawings and photographs. And I had always thought they looked like intruders in the eminently fluid, flexible, connected, "atmospheric" (their word) world of the Bouroullecs. I had noticed more than once, in published work and exhibitions, that the Bouroullec objects or their photographs fit well into any context: they connect like the *Seaweed* "with the precision of a click". With this object, the Bouroullecs have given form to Matali Crasset's maxim "Form is a platform" which, following the famous Rationalist and Functionalist aphorism "The tool creates the form", inscribes from then on the origin of a serial object's form in the vocabulary of connection – namely digital – rather than function, fabrication or communication.

To come back to Bordeaux, I noticed that there were not only frames, but also a glass showcase that gave off unpleasant reflections in the surrounding architecture. When I came closer in order to avoid these, I wondered about the nature of the content – were they originals or photocopies? – without being that concerned by it. I did notice, however, that the variable sizes (between A4 and A2) evoked either the scale of a page, a wall, a drawing, a poster, and tended to validate the hypothesis of a print and to revive the question of the frame. Should a poster be framed? Here, there were no more points of reference that systematically punctuate the Bouroullecs' photographs with a human silhouette, hand or specific object. Toward the end of the show, a photograph of the Bouroullecs' exhibition at Le Corbusier's Cité Radieuse in Marseille (2010) showed, next to a silhouette inscribed in the frame of the bay, a sumptuous pair of frames created by Le Corbusier. The edges, embedded in the wall, are barely visible, surrounding an entirely apparent blue monochrome. This frame, ostensibly devoted to architecture and hospitality, seemed impassable to me. The frame as we know it, too fixed and too mobile, cannot escape, when it is not attached to domesticity, from the role of a too visible accessory or sign of art and its merchandizing. André Malraux put it very well in his inaugural speech at the Maeght Foundation on 28 July 1964: after the altarpiece, "meaning a sculpture that imitates a cathedral" where painting found its place in relation to the supernatural, "the frame was [...] a way, during the Baroque period, to precisely allow painting to create a misunderstanding in its relationship with luxury". In short, the frame does not have the grace of a hummingbird that, among other magic animals in the Bouroullecs' installation, reaches an almost supernatural immobility, thanks to the invisible velocity of its wings (also reached, among humans, by the djembefola). Why do the Bouroullecs not tape photocopies onto walls or pin them, or place them on a shelf like they do with the originals in their studio? Upon leaving the exhibition, I regretted not having bought several prints or even a handful, because such is the joyful exercise proposed by this vertical installation that lets the furtive comparisons the eye is capable of making run free in spite of all the frames and of what literature calls "images". It must also be necessary to take the time to decode the script invented here based on points, sticks and rods, pipes and pipeline, masses, emptiness, faces of all types of hair and feathers, all types of nets, canvases, patterns, blankets and harlequins – but no harlequin coat.

If the prints were sold on the spot, would the installation have become a mere display like so many artistic installations? Why are so many important photographers timorous about series? Is it because they are afraid, Erwan Bouroullec wondered, of devaluating, if not the "original", the idea of a body of work (composed as Vuillard would say of "so many works")? The value of esteem attached to the object of a series is not calibrated to its financial value. Contrary to that of art, the value is not subject to the law of supply and demand (and even less so to that of rareness); it is the fruit of an offer. How may one fix the price of that type of an edition? Or of that type of an original? I refrained, this time, from immediately proposing an acquisition by the FNAC, while waiting for an indication from the market. Design as I have observed does not care much for originals, when they exist. The most interesting originals for history and museums disappear when moved or when owners change. Design is interested in the origin of the forms of objects which, when it is dominant for a given time, is still the changing unknown factor of the equation. Issued from complex balances of power in the heart of collective processes that are divided and often occulted, this origin belongs to everyone, at least to those who imagine and theorize it. It is the actual art of design to grasp the trace in the actual form of the object, in real time. Concrete objects that punctuate the process of conception and production (drawings, maquettes, prototypes) are attached to the steps of the process and not to its origin (of which everything indicates that it contravenes to chronology). Incidentally, everything is merchandizable, provided that there is a market. This does not say what is art and what is not. For the time being, if there is a connection, everything leads us to believe that the Bouroullecs, like most digital natives, are much more interested in the nature of what links than of what is linked, at times obsessively, if one considers the quantity of contemporary images relative to the net.

While consulting the exhibition's press release on the Internet, I noted with satisfaction that in most of the images the wooden frames had been retracted. It seemed to me that a neutral background, the computer screen, worked as a true frame for the images and their diffusion network also alimented by the media. One should never forget that images of design have been circulating free of cost for decades now – most of these images are freely available thanks to the courtesy of publishers and designers, with the notable exception of several beneficiaries – in the press where their usage by journalists is tacitly not subjected to remuneration, and this long before Internet. Indeed, the notoriety of design owes a lot to this un-marketed and yet professional economy of images.

I also found out through the Internet that, photographed straight on by the Bouroullecs, every alcove of the Arc en Rêve exhibition gallery constituted a boutique and that a missing pane palliated opportunely the pane of the wooden frame. For generations, designers have naturally referred to commercialization rather than fabrication (evaded under different pretexts, often delocalized). The Bouroullecs have realized masterly, monumental commercial exhibitions (I have the *Seaweed* curtain in mind, along the whole length and height of the Pelotta during the Milan Furniture Fair). Upon leaving the Bordeaux art centre exhibition, I wondered if this too visible frame did not point to a sense of discomfort in regard to the framework of the actual exhibition. Exhibitions are like all systems conceived by the Bouroullecs, they only show a sample, an extract, here with drawings, an extraction of digital data where these images are usually stocked and classified. Erwan Bouroullec himself was delighted with the "exceptional velocity" of the exhibition *album* that will travel, at little expense, to China (where it will be printed), to Israel, Brazil, Switzerland...

For the Metz exhibition, the Bouroullecs finally conceived a frame. For circumstantial reasons (proximity of the manufacturer), it was made in white Corian. This copyrighted material, whose status is nevertheless uncertain, always seems to be on the lookout for nobility, frustrated by its "kitchen and bathroom" origins. This is a frame whose angles have been rounded. It does have a glass pane, but what is most remarkable is that it has a formidable anti-theft device that is capable of answering to museum security demands. It fits on to a wedge on the wall thanks to sliding channels that do not allow it to be removed from the front. The juxtaposition of frames blocks the ensemble and makes it more solid, on a wall that measures five by thirty metres. For all that, once again, we have a numbered edition that is well protected. It is true that they have been printed, like the photographs, by the exceptional printer Charles Petillon, on 100% cotton Hahnemühle paper that has a superb texture.

Be that as it may, one guesses that exhibiting prints and not the originals is the expression of the designers' inflexible will. If one understands the fear that a rapid impression upon leaving the exhibition could devaluate the work, should one also understand that exhibiting originals in a prestigious art centre would risk, to the favour of an excessive fixation, over-evaluating them in an equally damaging way, when their retreat, outside of the market and of limits, is maybe still indispensable to the vital expansion of the system? Infinitely? Besides, who can be sure today that the digitalization of originals will consolidate their value or on the contrary irremediably transfer it to the owners of the rightly named banks of numbered images?

In Metz, the visitor may leave, on depositing a few euros, with an iPad™ application containing images of the exhibition. But will he be able to print them? Will he be able to question the frame?

Translated from the French by Emmelene Landon

Christine Colin has been a design expert in the Department of Artistic Creation in the French Ministry of Culture and Communication since 1991, and more precisely was responsible for the design collections of the Centre National d'Art Contemporain (CNAP) from 1995 to 2009. She is the author of numerous publications, most notably *Question(s) design* (Paris: Flammarion, 2010).

THE FRANCE THAT LOOKS OUT OVER THE SEA

Andrea Branzi

Browsing through Ronan and Erwan Bouroullec's designs reminded me of our first encounter on the TGV from Paris to Cologne in 2003. We were on our way there to organize a joint exhibition at Martin Rendel and René Spitz's space – *Blühende Lücke/Blossoming Gap* – for the local Design Week. It was an odd art gallery, installed in a long alleyway between two buildings, a sort of urban tunnel, an interstitial space that was hard to interpret. In it, we placed a long tree trunk with an eternal flame (gas-fuelled) burning out of the end; a narrow opening opposite offered a glimpse of an immense rose-filled garden, created by a play of mirrors. The brothers' mysterious coloured structures floated around the garden and gallery, and anonymous characters slept on shelves along the walls. The exhibition was a hard one for the public to understand but it actually summed up some fundamental principles of the way they and I saw design – as the product of a natural energy that generates poetic spaces. Design not concerned with furnishings and that allows everyone to live and sleep as they like.

In that (unusual) exhibition, we were trying to make design "statements" at the start of the new century, theoretical principles that we have both subsequently tried to develop in different forms. It was a sort of private statute, fruit of a still very immature intuition that has, over time, spread and become established, silently shared by a vast generation of designers who have decided to step across the boundary of general scenarios and venture along the "narrow path" of small domestic settings, sites abandoned after de-industrialization and snippets of space ignored by modernity. This generation is working "under the radar" to penetrate those molecular nuclei that together constitute true quality – not just in the private habitat but also in today's city.

The Bouroullec brothers have interpreted this approach to design with extreme spontaneity, in a manner little concerned with stylistic issues, new technology and marketing strategies because only partially willing to face up to the industrial logic of major "mass production". They have, instead, opted for their family dimension, as if it were a guarantee of the anthropological quality of a design, a sure platform on the chaotic scene of global markets and international competition.

In this global era, design no longer seems to correspond to either national cultures or hypothetical international principles, as it did in the twentieth century, but to single people, private relationships and subjective stories – a design that is truer and more certain, less rational but more intelligent.

An unplanned, silent "refounding" is revising the parameters of an activity inherited from the previous century. Until the end of the twentieth century, French design had two great historical matrixes. The first was the persistence of a neo-Gothic tradition mixed with the strong influence of industry and French aerospace culture, which, from the TGV to Concorde, characterized the idea of aerodynamic modernity. The second was the legendary French haute-couture fashion house, in which the name has always wielded far more power than the industry producing it, an approach that many stars of French design find (or have found) attractive. The Bouroullec brothers have broken these now frayed traditions.

Descendants of a different, peasant, pre-Enlightenment France more reminiscent of Molière than Voltaire, the two Breton brothers have developed different virtues. Theirs is a less Parisian, more provincial France that is not so fanatic and seemingly more modest but also more realistic and more considerate. A France that loves gardens more than parks and is more interested in farm fences than the damask velvet of Court. This apparent ingenuity belongs to that great France that looks out over the sea, boasting broader horizons and a keen sense of nature and the passing seasons (cultural ones included).

The Bouroullec brothers are the finest exponents of this new, less hysterical and less exhibitionist modernity that distinguishes the twenty-first century. One that is careful to work on environmental sub-systems that will adapt well to the internal refunctionalization processes of the modern city – which is already old when it is born. Theirs are light, temporary systems that sit in the void between interior design and architecture and form part of a highly original commodity universe that employs simple technology to indulge the variable destiny of intended uses in a city designed for definitive functions but that must adapt to a different, unplanned and often improvised world made up of post-Fordist work practices, mass enterprise and a creative economy. An urban and social universe where designers must create micro-environments with transparent filters that are as light as leaves and alcoves as protective as seashells.

A design that, at last, works for a city that is no longer defined by an architectural system but as an area distinguished by "a personal computer every twenty square metres..."

Translated from Italian by Barbara Fisher

Architect and designer, **Andrea Branzi** was among the founders of the Archizoom group and of the Domus Academy, the first international post-graduate school of design in Milan. In 1987 he was awarded the *Compasso d'Oro*, with special mention for his work as a designer and theorist. Author of several books on design history and theory, he is a professor of industrial design at the Politecnico di Milan (Italy).

Ronan & Erwan Bouroullec, *Bivouac*
Centre Pompidou-Metz, Galerie 3
07.10.11–30.07.12

Générique | Exhibition Credits

CENTRE POMPIDOU-METZ

Commissaires | Curators
Hélène Guenin, Laurent Le Bon

Chef de projet | Project Coordinator
Jennifer Gies

Régisseur d'œuvres | Registrar of Works
Olivia Davidson

Régisseurs d'espace | Technical Coordination
Clitous Bramble, Alexandre Chevalier

Chargé d'exploitation | Building Operation Officer
Stéphane Leroy

Régisseur audiovisuel et éclairage | AV Registrar and Lighting
Jean-Philippe Currivant

Auteurs des textes pour la signalétique, la brochure et l'application iPad™ | Authors of texts for signage, exhibition booklet and iPad™ App
Atelier Ronan et Erwan Bouroullec, Hélène Guenin, Juliette Pollet, Constance Rubini

ATELIER RONAN & ERWAN BOUROULLEC

Chef de projet | Project Coordinator
Felipe Ribon

Assistants
Michel Giesbrecht, Claire Lavabre

Coordination
Fanny Morere, Montserrat Alvarez

Impressions | Prints
Charles Petillon

Application iPad™ | iPad™ App
notdefined: **Alain Bellet**

Film
Benoît Rossel, Javier Ruiz Gòmez, Raphaël Sohier, Anne-Laure Viaud

Conception graphique | Graphic Design
ÉricandMarie

Chargée de mission pour la signalétique | in charge of Signage
Les Pointilleuses: **Aurélia Monnier**

Correction de la signalétique | Signage Rereading
Les Pointilleuses: **Céline Derouet**

Traduction de la signalétique | Signage Translations
Caroline Burnett (Anglais | English)
Beate Langenbruch (Allemand | German)

Fabrication et pose de la signalétique | Signage Production and Hanging
L.D. Publicité: **Guillaume Lesourd**

Menuiserie | Joinery
Lumidéco: **Bruno** et **Guy Ischia, Icham Badaoui, Harut Davidtsian, Thomas Drenntel, Fabien Fraysse, Éric Jost, Didier Quelquejeu, Bernard Schutz, Corentin Sitter, Franck Winterstein**

Fourniture du bois | Wood Supply
Dinesen: **Heidi, Thomas** et **Christine Dinesen, Birgitte Husted**

Production de Clouds modules et Brick | Production of Clouds and Brick
CAPAG: **Cyrille Lerouxel**

Production des tirages photographiques | Production of photographic prints
Charles Petillon

Production des cadres et habillages iPads™ en Corian® | Production of frames and packaging for iPads™ in Corian®
Crea Diffusion: **Laurent** et **Thierry Delles**

Production des tapis au sol | Production of floor carpets
Nanimarquina: **Nathalie Danton**

Production du drapeau | Production of the flag
Doublet: **Sylvie Davelu, Marion Porzio**

Éclairage | Lighting
Tecksas: **Axel Bechler, Gérard Calbat, Laurent Dumas, Pierre Gammacurta, Laurent Meylender**

Bureau de contrôle | Control Office
Dekra inspection: **Jean-Michel Hoareau**

Assurance des œuvres | Insurance of Works
Blackwall Green: **Robert Graham, Camilla Stephens**

Transport et emballage des œuvres | Shipping and Packing of Works
Crown Fine Arts

Accrochage des œuvres | Hanging Services
Artrans: **Richard Grellier, Wahiba Khenifi, Ismaël Jullien, Didier Montes, Christian Muller, Sébastien Schaeffer, Laurent Tag**

Prestataire audiovisuel | AV Provider
Audiovisuel Solutions: **Angélique Attali, Jean-Michel Ruppert, Lionel Schwarz**

Câblage électrique | Wiring
Cofely et Inéo: **Jean-Michel Bersweiler, Christophe Lere, Olivier Ritleng**
Centre Pompidou-Metz: **Sébastien Bertaux, Vivien Cassar**

Constats d'état | Condition Reports
Clémentine Bollard, Genovefa Le Bris du Rest, Lucie Duméry, Gaël Quintric

Stagiaires, pôle production | Trainees, Department of Production
Évelyne Briand, Marianne Pouille

Stagiaire, pôle programmation | Trainee, Department of Exhibition and Performance Arts Programming
Juliette Pollet

Stagiaires, École supérieure d'art de Lorraine | Trainees, École Supérieure d'Art de Lorraine
Béranger Barois, François Bellabas, Mathieu Cailotto, Manon Devanant, Anaïs Frioux, Bernard Gissinger, Cyrielle Levêque, Lucie Linder, Sophie Lux, Lauriane Morize

Cette exposition sera présentée au Museum of Contemporary Art, Chicago (États-Unis) | This exhibition will be presented at the Museum of Contemporary Art, Chicago (USA)
13.10.12–20.01.13

Madeleine Grynszetjn, directrice | Director
Jennifer Draffen, directrice chargée des Collections et des Expositions | Director of Collection and Exhibition Services
Michael Darling, commissaire | Curator

CENTRE POMPIDOU-METZ

L'exposition «Ronan & Erwan Bouroullec, Bivouac» est une production du Centre Pompidou-Metz, première décentralisation d'un établissement public culturel national, le Centre Pompidou, réalisée en partenariat avec une collectivité territoriale, la Communauté d'agglomération de Metz Métropole. La maîtrise d'ouvrage a été assurée par Metz Métropole, principal financeur de l'équipement, associé à la Ville de Metz (mandataire) et au Centre Pompidou. La construction du Centre Pompidou-Metz a également bénéficié du soutien financier du Conseil général de la Moselle, du Conseil régional de Lorraine, de l'État et de l'Union européenne (Fonds européen de développement régional, Feder). Le Centre Pompidou-Metz est un établissement public de coopération culturelle, dont les membres fondateurs sont l'État, le Centre Pompidou, la Région Lorraine, la Communauté d'agglomération de Metz Métropole et la Ville de Metz.

The exhibition *Ronan & Erwan Bouroullec, Bivouac* is a production of the Centre Pompidou-Metz, the first decentralization in France of a national public cultural institution, the Centre Pompidou, created in partnership with a local authority, the Communauté d'Agglomération de Metz Métropole. The building was overseen by Metz Métropole, the principal funder of the facility, in association with the City of Metz (commissioner) and the Centre Pompidou. The construction of the Centre Pompidou-Metz also benefited from financial support from the General Council of Moselle, the Regional Council of Lorraine, the French government and the European Union (European Regional Developemnt Fund, ERDF). The Centre Pompidou-Metz is a public cultural institution whose founder members are the French government, the Centre Pompidou, the Region of Lorraine, the Communauté d'Agglomération de Metz Métropole and the City of Metz.

Conseil d'administration | Board of Directors

Alain Seban, président | President
Jean-Marie Rausch, président d'honneur | Honorary President
Jean-Luc Bohl, vice-président | Vice-President

Représentants du Centre Pompidou | Representatives of the Centre Pompidou
Alain Seban, président | President
Agnès Saal, directrice générale | Managing Director
Jean-Marc Auvray, directeur juridique et financier | Director of Legal and Financial Affairs
Bernard Blistène, directeur du département du Développement culturel | Director of Cultural Development
Frank Madlener, directeur de l'Institut de Recherche et Coordination Acoustique/Musique | Director of the Institute for Acoustic/Musical Research and Coordination
Alfred Pacquement, directeur du Musée national d'art moderne | Director of the National Museum of Modern Art

Représentants de Metz Métropole | Representatives of Metz Métropole
Jean-Luc Bohl, président | President
Antoine Fonte, vice-président | Vice-President
Pierre Gandar, conseiller communautaire | Community Counsellor
Patrick Grivel, conseiller communautaire | Community Counsellor
Henri Hasser, vice-président | Vice-President
Thierry Hory, vice-président | Vice-President
William Schuman, conseiller communautaire | Community Counsellor
Représentants du Conseil Régional de Lorraine | Representatives of the Lorraine Regional Council
Jean-Pierre Masseret, président | President
Nathalie Colin-Oesterle, conseiller régional | Regional Counsellor
Josiane Madelaine, vice-présidente | Vice-President
Roger Tirlicien, président de la Commission Lien social et Relations interrégionales | President of the Commission du lien social et des relations interrégionales
Thibaut Villemin, vice-président | Vice-President

Représentant de l'État | French Government Representatives
Christian Galliard de Lavernée, préfet de la Région Lorraine, préfet de la Moselle | Prefect of the Lorraine Region, Prefect of Moselle

Représentants de la Ville de Metz | Representatives of the City of Metz
Dominique Gros, Maire de Metz, commune siège de l'établissement | Mayor of Metz, the city housing the Institution
Thierry Jean, adjoint au Maire | Deputy Mayor

Personnalités qualifiées | Qualified Personalities
Frédéric Lemoine, président du directoire de Wendel | President of the Wendel Group Board of Directors
Patrick Weiten, président du Conseil général de la Moselle | President of the General Council of the Moselle

Représentants du personnel | Employee representatives of the Centre Pompidou-Metz
Philippe Hubert, directeur technique | Technical Director
Benjamin Milazzo, chargé du développement des publics et de la fidélisation | In charge of Relations with the Public and Promoting Its Loyalty

Équipe | Staff

Direction | Management
Laurent Le Bon, directeur | Director
Claire Garnier, chargée de mission auprès du Directeur | Personnal Assistant

Secrétariat général | General Secretariat
Emmanuel Martinez, secrétaire général | General Secretary
Pascal Keller, secrétaire général adjoint | Deputy General Secretary
Julie Béret, chargée de mission | Administrative Coordinator
Hélène De Bisschop, responsable juridique | Legal Expert and Advisor
Émilie Engler, assistante de direction | Executive Assistant

Pôle administration et finances | Department of Administration and Finance
Jean-Eudes Bour, responsable administratif et financier–agent comptable | Head of Department-Accountant
Jérémy Fleur, assistant de gestion en comptabilité | Administrative Coordinator for Accountancy
Audrey Jeanront, assistante de gestion ressources humaines | Administrative Coordinator for Human Resources
Ludivine Morat, assistante de gestion administration générale | Administrative Coordinator
Alexandra Morizet, chargée des marchés publics | Public Contracts Coordinator

Pôle programmation | Department of Exhibition and Performance Art Programming
Hélène Guenin, responsable du pôle programmation | Head of Department
Camille Aguignier, chargée d'édition | Publishing Assistant
Claire Bonnevie, éditrice | Publisher
Matthieu Goeury, chargé de programmation Studio et Auditorium Wendel | Studio and Wendel Auditorium Programming Officer
Anaïs Lellouche, chargée de recherche et chargée de mission auprès du directeur | Researcher Officer and Personnal Assistant of the Director
Alexandra Müller, chargée de recherche et d'exposition | Researcher and Exhibitions Officer
Dominique Oukkal, fabricant | Product Manufacturing Coordinator
Aurèlia Ongena, assistante programmation Studio et Auditorium Wendel | Studio and Wendel Auditorium Programming Assistant
Élodie Stroecken, chargée de coordination du pôle programmation | Coordinator of the Department

Pôle production | Department of Production
Anne-Sophie Royer, responsable du pôle production | Head of Department
Charline Becker, chef de projet | Project Coordinator
Clitous Bramble, régisseur d'espaces | Technical Coordinator
Géraldine Celli, chef de projet | Project Coordinator
Alexandre Chevalier, régisseur d'espaces | Technical Coordinator
Olivia Davidson, chef de projet | Project Coordinator
Jennifer Gies, chef de projet | Project Coordinator
Thibault Leblanc, régisseur spectacle vivant | Performing Arts Technical Coordinator
Éléonore Mialonier, régisseur d'œuvres | Registrar of Works
Fanny Moinel, chef de projet | Project Coordinator
Irène Pomar-Marcos, régisseur d'œuvres | Registrar of Works

Pôle communication et développement | Department of Communication and Corporate Sponsorship
Annabelle Türkis, responsable du pôle communication et développement | Head of Department
Erika Ferrand-Cooper, chargée de communication et d'événementiel | Communications and Events Officer
Marie-Christine Haas, chargée de communication multimédia | Multimedia Communications Officer
Louise Moreau, chargée de communication et des relations presse | Communications and Press Relations Officer
Marine Van Schoonbeek, chargée de communication et de relations publiques | Communications and Public Relations Officer
Amélie Watiez, chargée de communication et d'événementiel | Communications and Events Officer
Aurélien Zann, chargé de communication multimédia | Multimedia Communications Officer
Pauline Fournier, assistante relations publiques | Public Relations Assistant

Pôle publics | Department of Visitor Relations
Aurélie Dablanc, responsable du pôle publics | Head of Department
Fedoua Bayoudh, chargée du développement des publics et du tourisme | Visitor Relations and Tourism Officer
Djamila Clary, assistante pôle publics | Department Assistant
Jules Coly, chargé des publics, de l'information et de l'accessibilité | Visitor Relations, Information and Accessibility Officer
Anne-Marine Guiberteau, chargée de la programmation jeunes publics et des actions de médiation | Youth Programming and Mediation
Benjamin Milazzo, chargé du développement des publics et de la fidélisation | In charge of Relations with the Public and Promoting Its Loyalty
Anne Oster, chargée des relations avec les établissements de l'enseignement | Schools and Clubs Officer

Pôle bâtiment et exploitation | Department of Building Maintenance and Operation
Philippe Hubert, directeur technique | Technical Director
Christian Bertaux, responsable bâtiment | Head of Building Maintenance
Christian Heschung, responsable des systèmes d'information | Head of Information Systems
André Martinez, responsable sécurité | Head of Safety and Public Security
Sébastien Bertaux, agent technique électricien | Electricity Technical Officer
Vivien Cassar, agent technique bâtiment | Building Technical Officer
Jean-Pierre Del Vecchio, administrateur systèmes et réseaux | Computer Security Administrator
Stéphane Leroy, chargé d'exploitation | Building Operation Officer

Les Amis du Centre Pompidou-Metz | Friends of the Centre Pompidou-Metz

La vocation des Amis du Centre Pompidou-Metz, association sans but lucratif, est d'accompagner le Centre dans ses projets culturels, de fédérer autour de lui le monde de l'entreprise ainsi que les particuliers désireux de le soutenir.

Friends of the Centre Pompidou-Metz is a non-profit organization whose purpose is to accompany the Centre in its cultural projects, and to enlist the support of the business world and private individuals who wish to make their contribution.

Jean-Jacques Aillagon, ancien ministre, président | Former Culture Minister, President
Ernest-Antoine Seillière, président du Conseil de surveillance de Wendel, vice-président | President of the Board of Trustees of Wendel, Vice-President
Lotus Mahé, historienne d'art, secrétaire générale | Art Historian, General Secretary
Charline Guille, assistante de la secrétaire générale | Secretary General Assistant
Philippe Bard, président de Demathieu & Bard, trésorier | President of Demathieu & Bard, Treasurer

CENTRE POMPIDOU

Le Centre Pompidou-Metz est un Établissement public de coopération culturelle associé du Centre national d'art et de culture Georges Pompidou, établissement public national à caractère culturel placé sous la tutelle du ministère de la Culture et de la Communication (loi n° 75-1 du 3 janvier 1975).

The Centre Pompidou-Metz is associated with the Centre National d'Art et de Culture Georges Pompidou, Établissement Public National à Caractère Culturel (public institution for cultural cooperation) under administrative supervision of the French Ministry of Culture and Communictaion (law no. 75-1 of 3 January 1975).

Frédéric Mitterrand, ministre de la Culture et de la Communication | Minister of Culture and Communication
Alain Seban, président | President
Agnès Saal, directrice générale | General Director
Jack Lang, président de l'Association pour le développement du Centre Pompidou | President of the Association for the Development of the Centre Pompidou
Jacques Boissonnas, président de la Société des Amis du Musée national d'art moderne | President of the Société des Amis du Musée National d'Art Moderne
François Trèves, président d'honneur de la Société des Amis du Musée national d'art moderne | Honorary President of the Société des Amis du Musée National d'Art Moderne

Musée national d'art moderne-Centre de création industrielle
Alfred Pacquement, directeur | Director
Brigitte Leal, directrice adjointe chargée des collections | Deputy Director in charge of Collections
Frédéric Migayrou, directeur adjoint chargé de la création industrielle | Deputy Director in charge of Industrial Creation
Didier Ottinger, directeur adjoint chargé de la programmation culturelle | Deputy Director in charge of Cultural Programming
Catherine Grenier, directrice adjointe chargée de la recherche et de la mondialisation | Deputy Director in charge of Research and Globalization
Catherine Perdrial, administratrice | Administrator
Olga Makhroff, chargée des prêts et dépôts | in charge of Loans and Storage

Conservation des collections Arts plastiques | Conservation of Art Collections
Chefs de services | Service Chiefs
Jean-Paul Ameline, Service des collections modernes | Modern Collections Service
Sophie Duplaix, Service des collections contemporaines | Contemporary Collections Service
Christine Macel, Service de la création contemporaine et prospective | Contemporary Creation and Prospective Service
Jonas Storsve, Cabinet d'art graphique | Graphic Arts Collection
Quentin Bajac, Cabinet de la photographie | Photography Collection
Philippe-Alain Michaud, Service du cinéma expérimental | Experimental Cinema Service
Christine Van Assche, Service des nouveaux médias | New Media Service
Véronique Sorano-Stedman, Service de la restauration | Restoration Service

Création industrielle | Industrial Creation
Service architecture | Architecture Service
Olivier Cinqualbre, chef de service | Service Chief

Service design | Design Service
Françoise Guichon, chef de service | Service Chief
Cloé Pitiot, conservatrice | Curator
Anne-Marie Zucchelli-Charron, documentaliste principale | Main Archivist
Marielle Dagault, **Odile Rousseau**, attachées de conservation | in charge of Conservation
Paul-Marc Gilletta, attaché de collection | in charge of Collections
Isabelle Prieur, restauratrice | Restorer
Joëlle Lavoine, assistante | Assistant

Service prospective industrielle | Department of Industrial Propective
Valérie Guillaume, chef de service | Service Chief

Bibliothèque Kandinsky
Didier Schulmann, Conservateur, chef de service | Curator, Service Chief

Direction de la production | Production Management
Stéphane Guerreiro, directeur | Director
Laure Rolland, directrice adjointe, chef du service administratif et financier | Deputy Director, Chief of Administrative and Financial Service
Annie Boucher, chef du service de la régie des œuvres | Registrar Service Chief
Ariane Coulondre, chef du service des collections | Collections Service Chief
Laurie Szulc, chef du service audiovisuel | AV Service Chief
Yvon Figueras, chef du service des Manifestations | Events Service Chief

Département du Développement culturel | Cultural Development Department
Bernard Blistène, directeur | Director
Roger Rotmann, directeur adjoint | Deputy Director
Bakta Thirode, administratrice | Administrator
Jean-Pierre Criqui, responsable de la programmation, chef du service de la Parole | Head of Programming, "Parole" Service Chief
Serge Laurent, responsable de la programmation, chef du service Spectacles vivants | Head of Programmation, Performing Arts Service Chief
Sylvie Pras, chef du service des cinémas | Cinema Service Chief
Michèle Bargues, chef de service Festival Vidéodanse | Vidéodance Festival Service Chief

Direction de la Communication et des Partenariats | Communication and Partnership Department
Françoise Pams, directrice | Director
Marc-Antoine Chaumien, **Stéphanie Hussonnois-Bouhayati**, directeurs adjoints | Deputy Directors
Alexandre Colliex, délégué aux Relations internationales | in charge of International Relations

Délégation à l'action culturelle audiovisuelle | Delegation for AV Cultural Activity
Anne-Michèle Ulrich, déléguée | Representative

Direction des éditions | Publishing Department
Nicolas Roche, directeur | Director
Jean-Christophe Claude, directeur adjoint | Deputy Director

Direction des publics | Educative Activity and Visitors Department
Cléa Richon, directrice adjointe | Deputy Director

Remerciements | Acknowledgments

Nos remerciements les plus chaleureux s'adressent à tous ceux qui figurent au générique, qui ont permis la réalisation de cette exposition et de cette édition, et à : We would like to extend our sincere thanks to everyone in the credits, without whom this exhibition and publication would not have been possible, and to:

Ronan & Erwan Bouroullec

Atelier Ronan & Erwan Bouroullec :
Montserrat Alvarez, **Michel Giesbrecht**, **Claire Lavabre**, **Fanny Morere**, **Felipe Ribon**

le Centre Pompidou et ses services | Centre Pompidou and its staff
Metz Métropole et ses services | Metz Métropole and its staff
la Ville de Metz et ses services | City of Metz and its staff
le Conseil régional de Lorraine et ses services | Regional Council of Lorraine and its staff
le Conseil général de la Moselle et ses services | General Council of Moselle and its staff
la Préfecture de la Région Lorraine et ses services | Prefecture of the Lorraine Region and its staff

les auteurs | the authors :
Andrea Branzi, **Alex Coles**, **Christine Colin**, **Valérie Mrejen**, **Alice Rawsthorn**, **Éric Troncy**

Prêteurs et éditeurs | Lenders and Producers

ALLEMAGNE | GERMANY
Schiltach
Axor
Philippe Grohe, directeur de marque | Head of Axor Brand

Weil am Rhein
Vitra Design Museum
Mateo Kries, directeur | Director

DANEMARK | DENMARK
Ebeltoft
Kvadrat
Anders Byriel, directeur général | Chief Executive Officer

ESPAGNE | SPAIN
Barcelone | Barcelona
Nanimarquina
Nani Marquina, directrice | Director

FRANCE
Briord
Édition Ligne Roset
Michel Roset, Président du groupe Roset, directeur général de Roset SA | President of the Roset Group, Managing Director of Roset SA
Pierre Roset, Président, directeur général de Roset SA | President, Managing Director of Roset SA

Paris
Centre Pompidou
Alain Seban, Président | President
Alfred Pacquement, directeur du Musée national d'art moderne | Director of the National Museum of Modern Art

Galerie kreo
Clémence et **Didier Krzentowski**, fondateurs de la Galerie kreo | Founders of the kreo Gallery

Groupe Galeries Lafayette
Guillaume Houzé, Président du directoire, directeur adjoint du marketing | President of the board of directors, Marketing Deputy Director
Florence Brachet Champsaur, responsable du service Patrimoine & Archives historiques | Responsible for Historical and Cultural Patrimony
François Quintin, directeur de la future Fondation des Galeries Lafayette | Director of the future Galeries Lafayette Foundation

Sedan
Tecsom
Michel Grosselin, Président directeur général | Chairman and Managing Director

GRANDE-BRETAGNE | GREAT BRITAIN
Londres | London
Established and Sons
Maurizio Mussati, directeur général | Managing Director
Sebastian Wrong, co-fondateur, directeur du département Design | Co-founder, Design Department Director

Swarovski
Nadja Swarovski, directrice de la communication pour Swarovski Crystal Business et membre du conseil exécutif | Head of Communication for Swarovski Crystal Business and Member of the Executive board

ITALIE | ITALY
Brescia-Bovezzo
Flos
Piero Gandini, Président directeur général | Chairman and Managing Director

Milan-Meda
Cappellini
Giulio Cappellini, Président directeur général | Chairman and Managing Director

Milan-Noviglio
Kartell
Claudio Luti, Président directeur général | Chairman and Managing Director

Modène-Fiorano | Modena-Fiorano
Mutina
Massimo Orsini, Président | President
Emanuele Marcato, Vice-président | Vice-President
Michel Dallafiora, directeur général | Managing Director
Giuliana Ricci, directeur de marque | Head of Mutina Brand

Udine-San Giovanni al Natisone
Mattiazzi srl
Fabiano Mattiazzi, propriétaire, Chef d'entreprise | Owner, Company Manager
Nevio Mattiazzi, propriétaire, Chef d'entreprise | Owner, Company Manager

Venise-Torre di Mosto | Venice-Torre di Mosto
Magis
Eugenio Perazza, Président directeur général | Chairman and Managing Director
Alberto Perazza, co-directeur | Co-Director
Barbara Minetto, directrice marketing | Marketing Director

Verbano cusio Ossola-Omegna Crusinallo
Museo Alessi/Alessi Spa
Alberto Alessi, directeur, Président directeur général | Director, Chairman and Managing Director

SUISSE | SWITZERLAND
Birsfelden
Vitra
Rolf Fehlbaum, Président directeur général | Chairman and Managing Director

Bitossi ceramish (Italie | Italy)
Coromandel (France)
Habitat (Royaume-Uni | United Kingdom)
Japan Brand (Japon | Japan)
Teracrea (Italie | Italy)

Nous remercions tout particulièrement pour leur soutien | Special thanks for their support: Mutina, Dinesen, Tecsom, Crea Diffusion, Apple, Vitra, Kvadrat, Magis, Axor, Alessi

Le Centre Pompidou-Metz remercie l'ensemble de ses prestataires ainsi que leurs équipes | The Centre Pompidou-Metz would like to thank all its providers and their teams: Lustral Clean Alliance, Cofely, Librairie Flammarion, Phone Régie, Restaurant La Voile Blanche, SGP Lorraine

Nos remerciements vont également à | We also express our thanks to:
Ambassade de France à Tokyo (**Hélène Kelmachter**)
Arc en rêve-centre d'architecture, Bordeaux (**François Barré, Francine Fort, Michel Jacques, Pauline Reiffers, Nadine Gibault**)
CAPC musée d'art contemporain de Bordeaux (**Charlotte Laubard, Alexis Vaillant**)
La Direction régionale des Affaires culturelles de Provence-Alpes-Côte d'Azur
Fondation Vitra, Weil am Rhein (**Alexander Von Vegesack**)
London Design Festival (**Ben Evans, Ruth Dillon**)
Louisiana Museum of Modern Art, Humlebæk (**Anders Kold, Poul Erik Tojner**)
Musées des Arts décoratifs, Paris (**Béatrice Salmon, Dominique Forest, Jérôme Recours, Chloé Demey, Pascale de Seze**)
Museum of Contemporary Art, Chicago (**Michael Darling, Madeleine Grynsztejn**)
Phaidon (**Emilia Terragni, Sonya Dyakova, Valérie Buffet**)
The Art Institute of Chicago (**Zoë Ryan**)
The French-American Fund for Contemporary Art-Cultural Services of the French Embassy/FACE, New York (**Armelle Pradalier**)
La Ville de Vallauris
Victoria and Albert Museum, Londres | London (**Martin Roth**)

Dorthe Aagaard Adamsen, Chiara Alessi, Danilo Alliata, Franscesca Appiani, Julie Beauperin, Elsa Belaieff, Sandrine Bellemin, Cristiana Bernardini, Émilie Choffel, Katherine Cocke, Simona Cusini, Silvia Delaini, Nadine Delporte, Stefania Ferrari, Nathalie Filser, Njusja de Gier, Jennifer Godwin, Susanne Graner, Sara Guedj, Jorg Handretschk, Sophie Kay, Estelle Kneppert, Anniina Koivu, Klaus Königsberger, Eckart Maise, Laia Manchon, Donatella Matteoni, Melanie Meder, Simon Meier, Pernille Nørbæk Kvist, Amy Oldfield, Nicolai Petek, Wolfgang Pfaff, Guillaume Pichot, Yvonne Radecker, Pamela Roland, Antoine Roset, Olivier Roset, Ludivine Rousseaux, Chiara Saini, Cristina Salvati, Marine Sanjou, Tatiana Tonizzo, Boguslaw Franciszek Ubik-Perski, Vassili Verrecchia, Georgie West et Marina Zanetta.

Mécènes et partenaires | Patrons and Partners

Wendel, Mécène fondateur | Founding Patron
Frédéric Lemoine, président du directoire | President of the Board of Directors

WENDEL

Amis de la Fondation Wendel, Mécène | Patron
Ernest-Antoine Seillière, président | President

Les Amis de la Fondation de Wendel

Les sites lorrains de PSA Peugeot Citroën | The PSA Peugeot Citroën sites in Lorraine
Jean-Paul Ardouin, directeur du site PSA Peugeot Citroën Metz | Director of the PSA Peugeot Citroën site in Metz
Philippe Dorge, directeur du site PSA Peugeot Citroën Trémery | Director of the PSA Peugeot Citroën site in Trémery

PSA PEUGEOT CITROËN

COLOPHON

Directeurs d'ouvrage | Editors
Ronan & Erwan Bouroullec, Hélène Guenin, Laurent Le Bon

Auteurs | Authors
Andrea Branzi, Alex Coles, Christine Colin, Valérie Mréjen, Alice Rawsthorn, Éric Troncy

Éditrice | Publisher
Claire Bonnevie

Conception graphique | Graphic Design
ÉricandMarie

Traduction | Translation
Barbara Fisher, Emmelene Landon, Marc Phéline, Renaud Temperini

Correction | Copy-editing
Céline Derouet (français | French)
Harriet Graham (anglais | English)

Photogravure | Photoengraving
IGS-CP

Fabrication | Production
Dominique Oukkal

Imprimé au Luxembourg
Achevé d'imprimé en mars 2012
sur les presses de l'Imprimerie Centrale
Colophon March 2012
Printed by Imprimerie Centrale, Luxembourg

ISBN 978-2-35983-016-3
Dépôt légal avril 2012 | Legal deposit April 2012

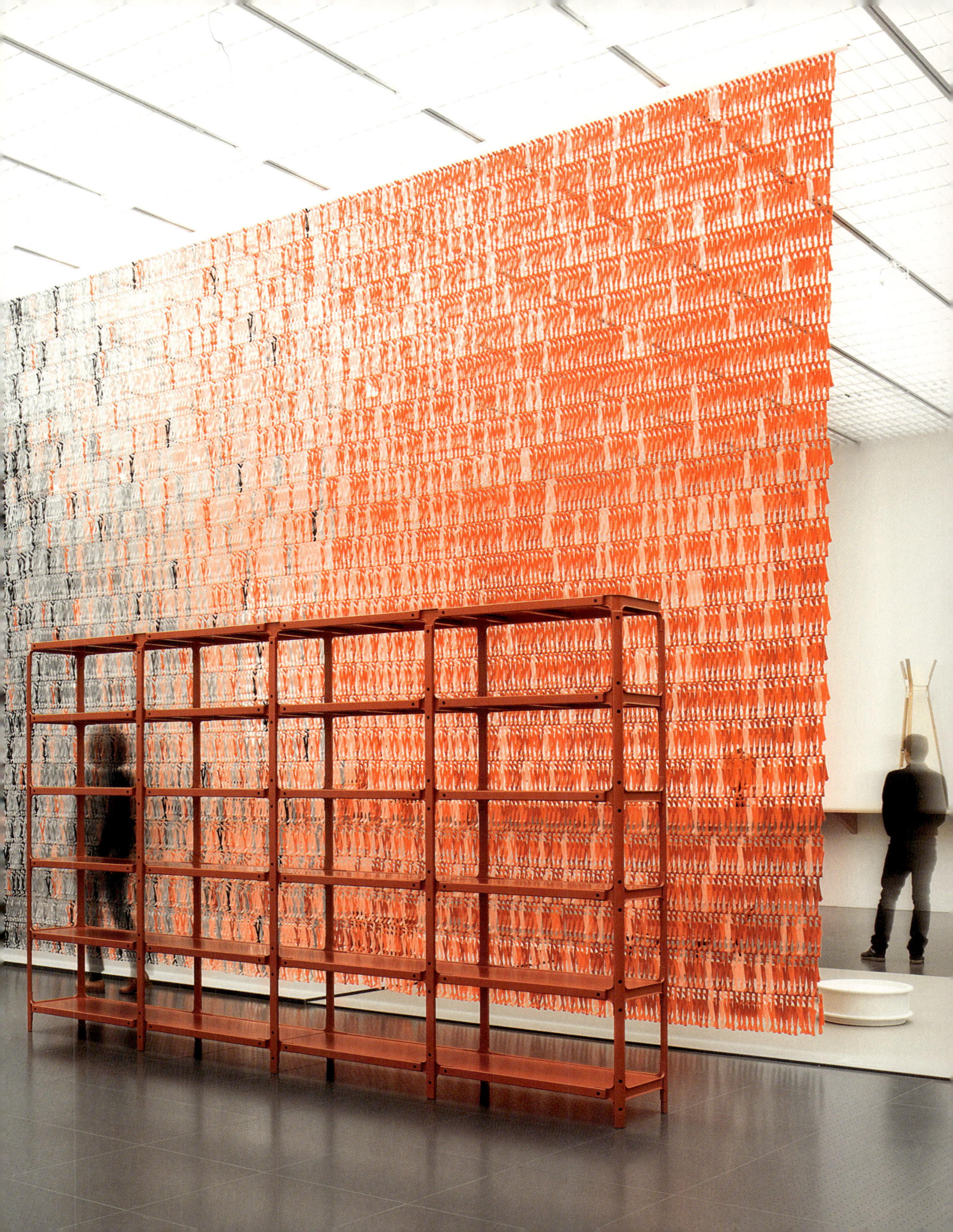

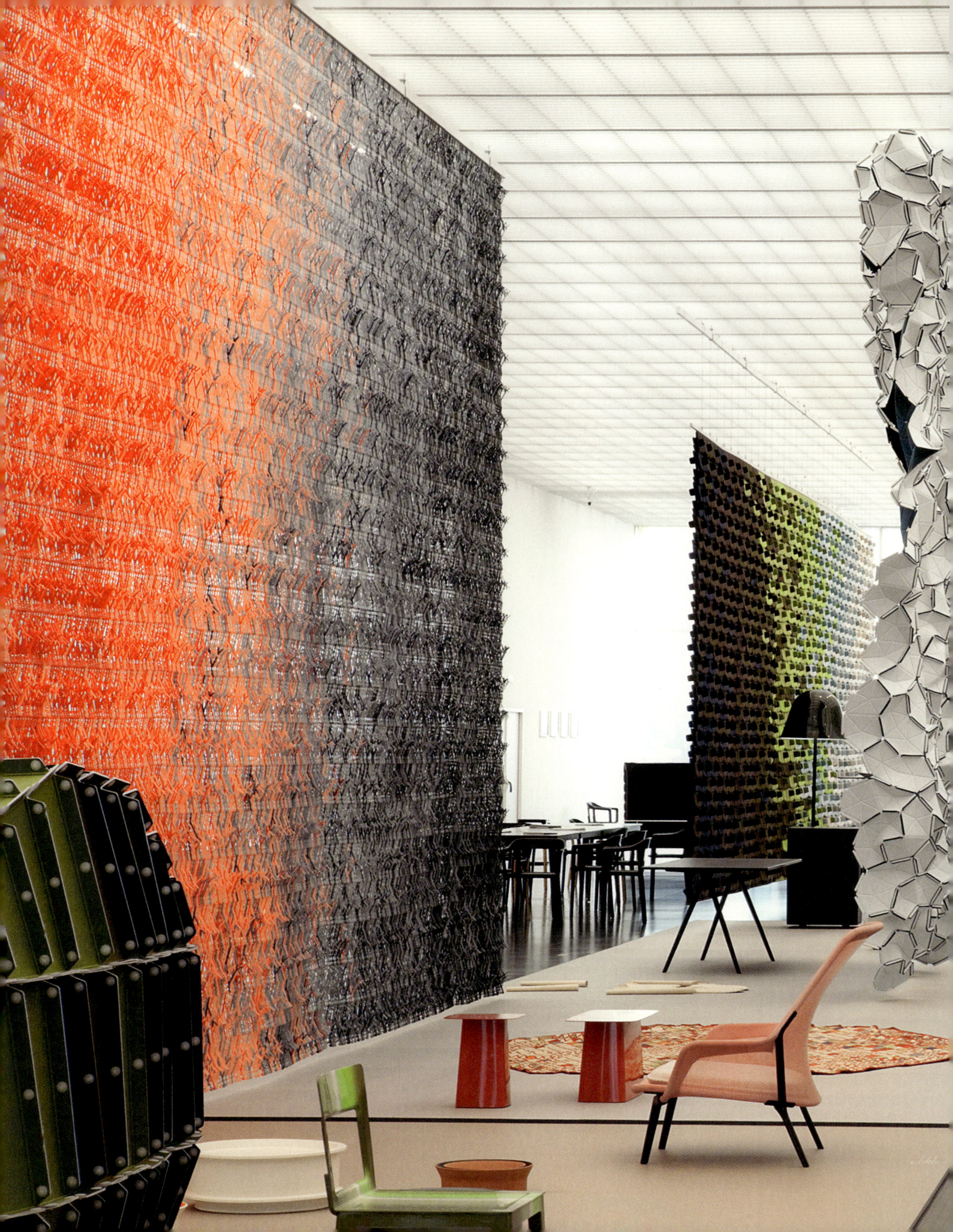

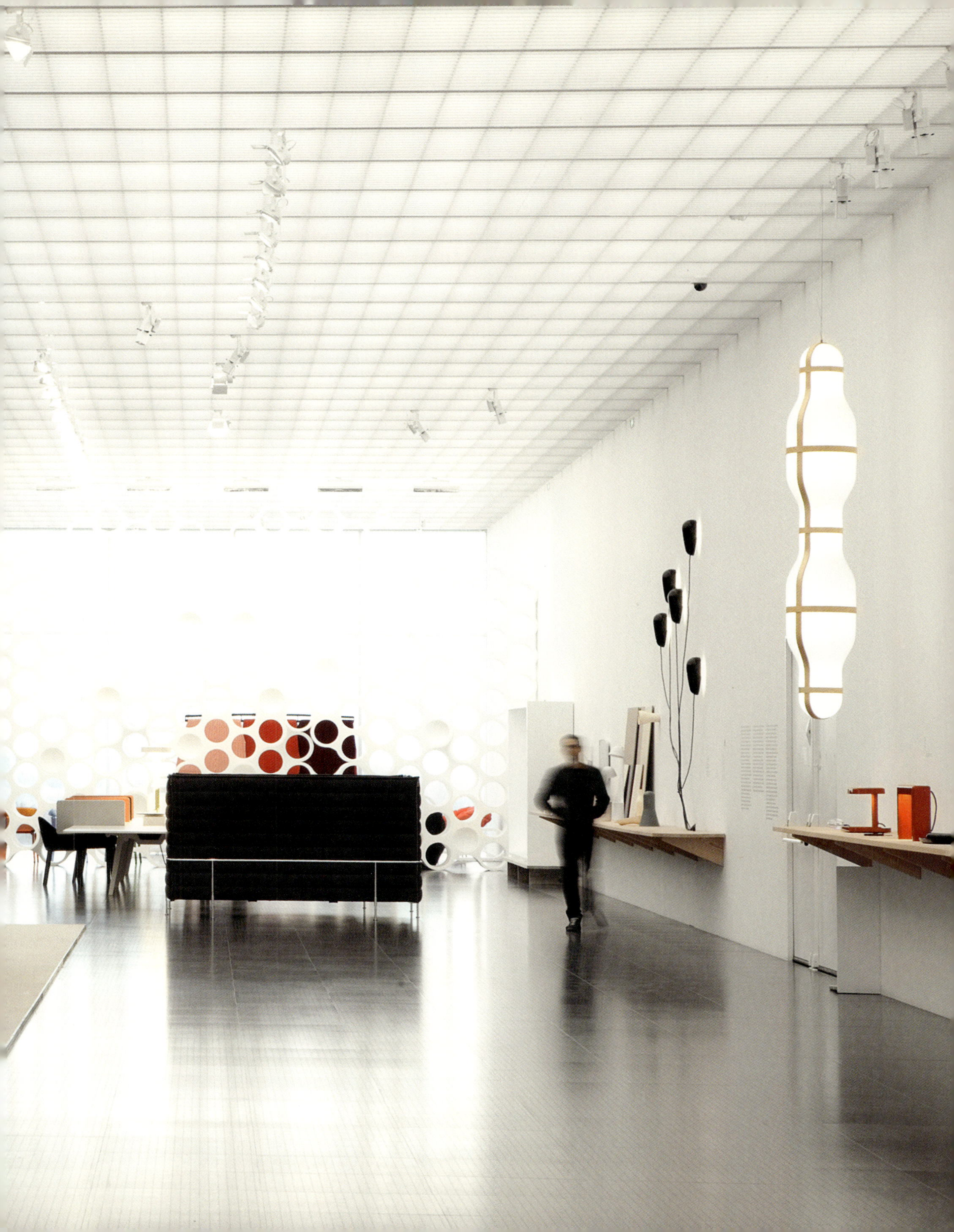

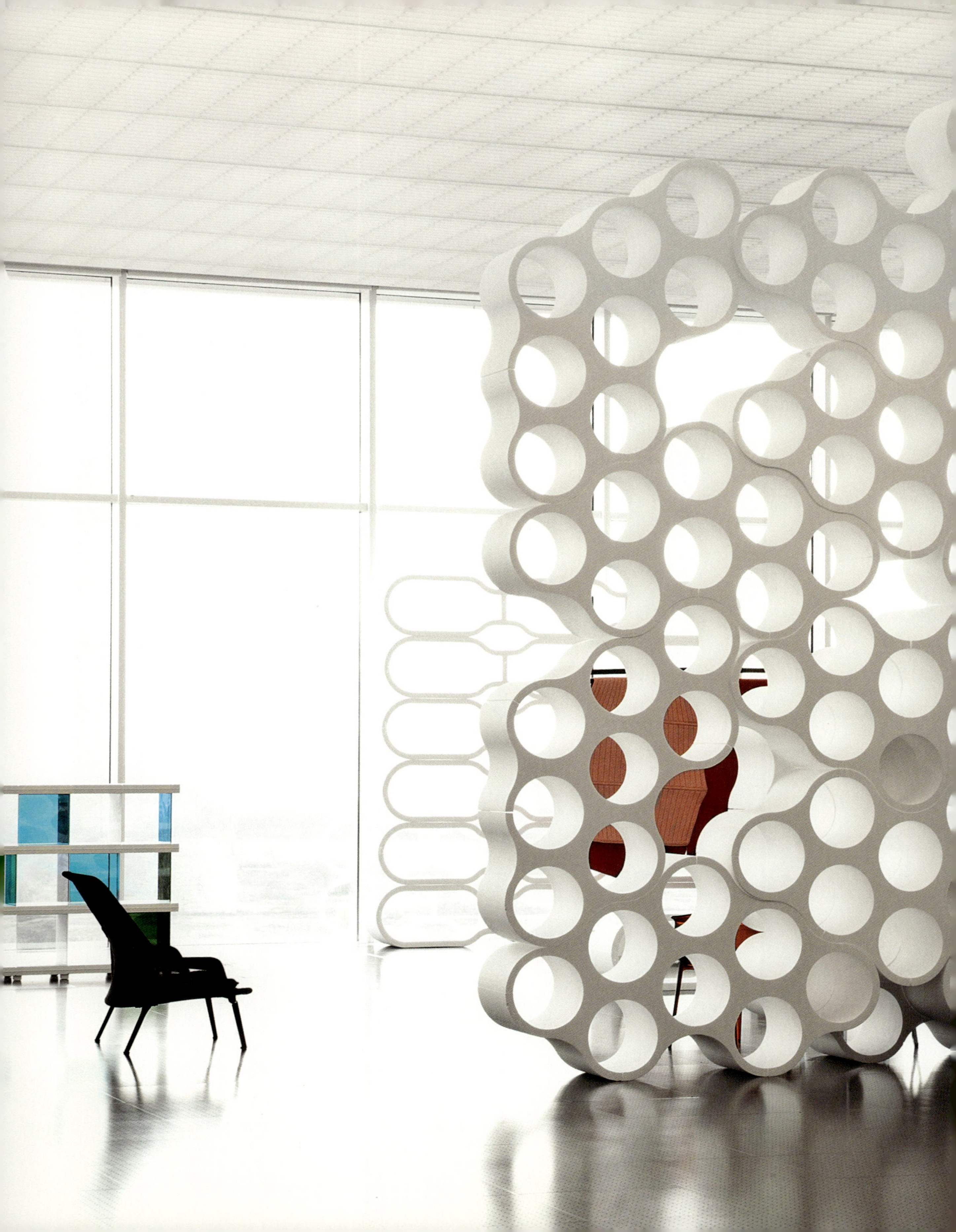

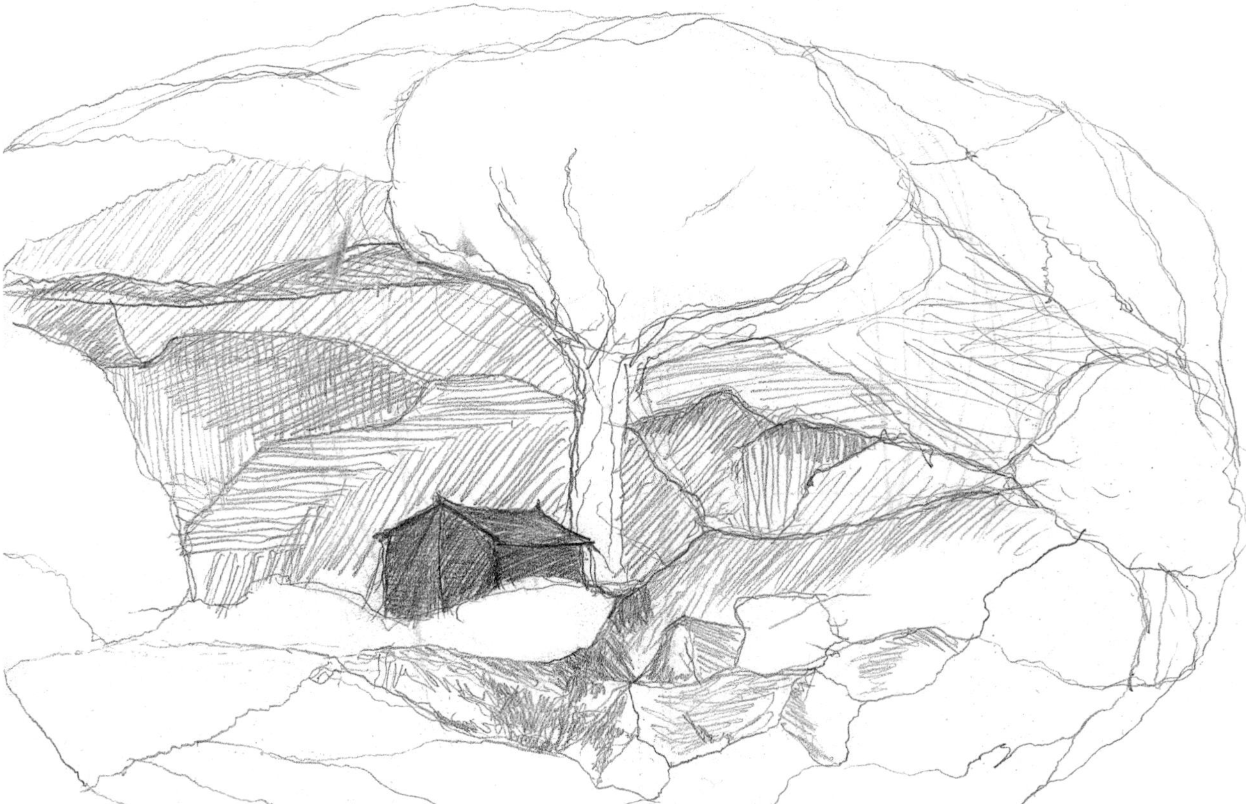

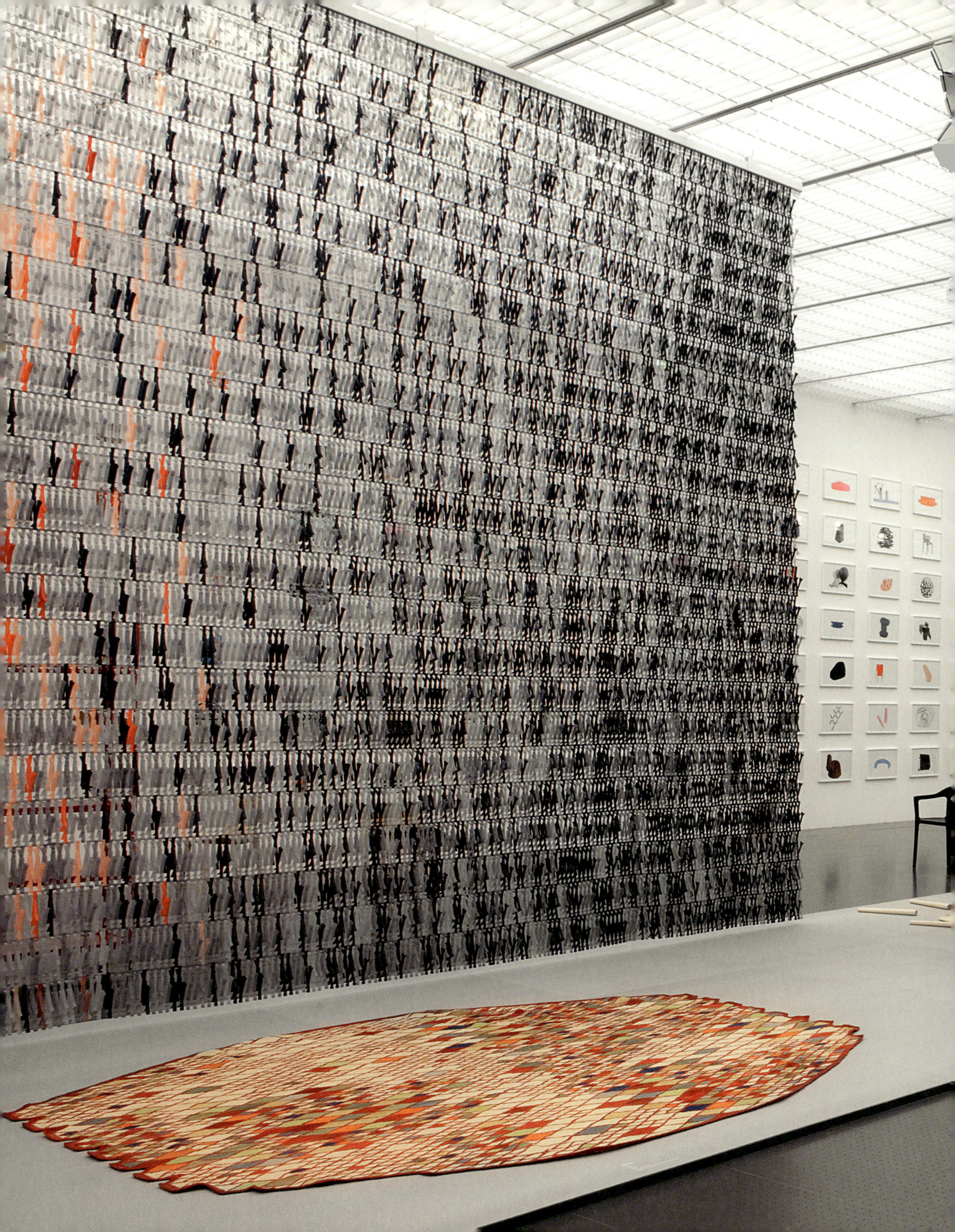

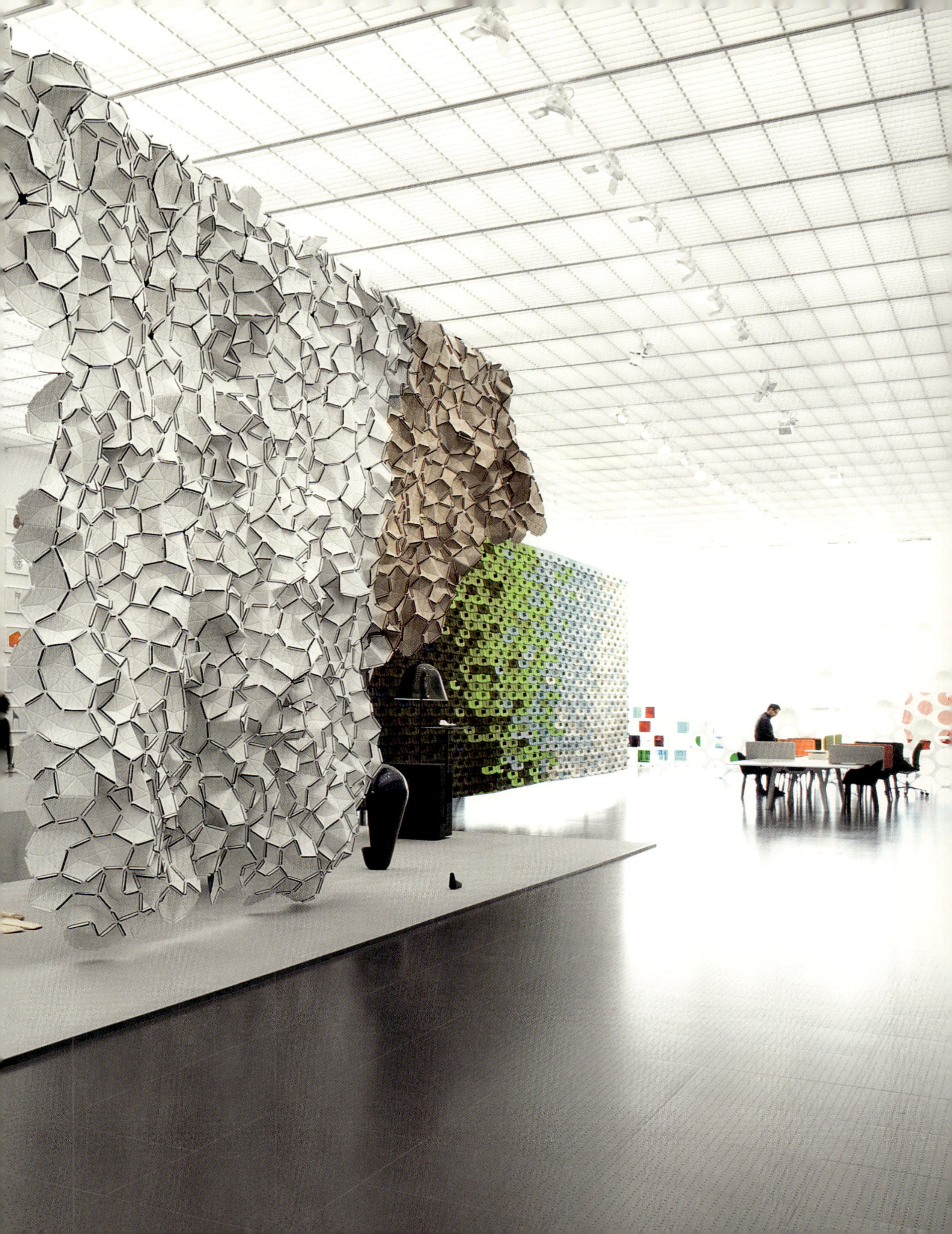

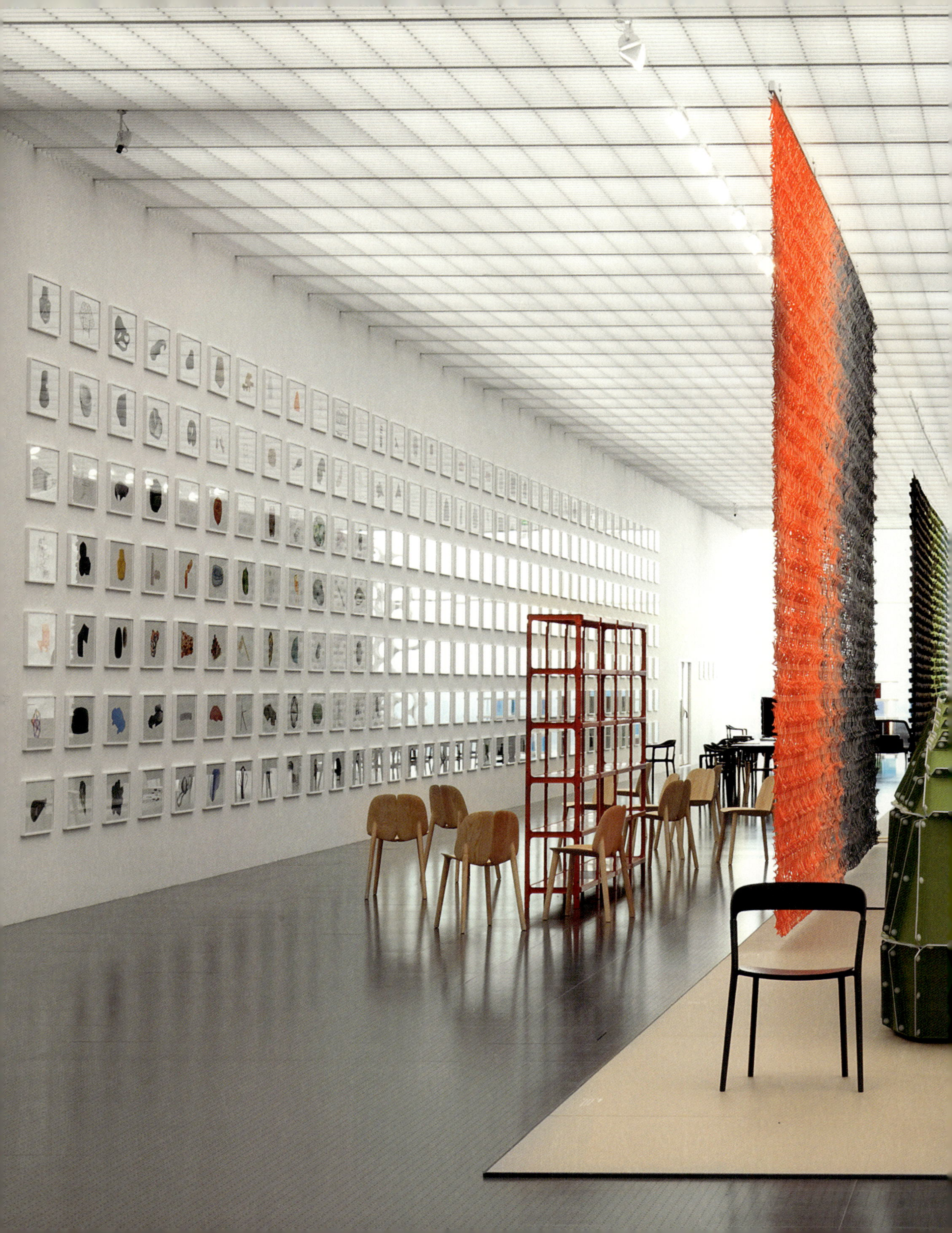

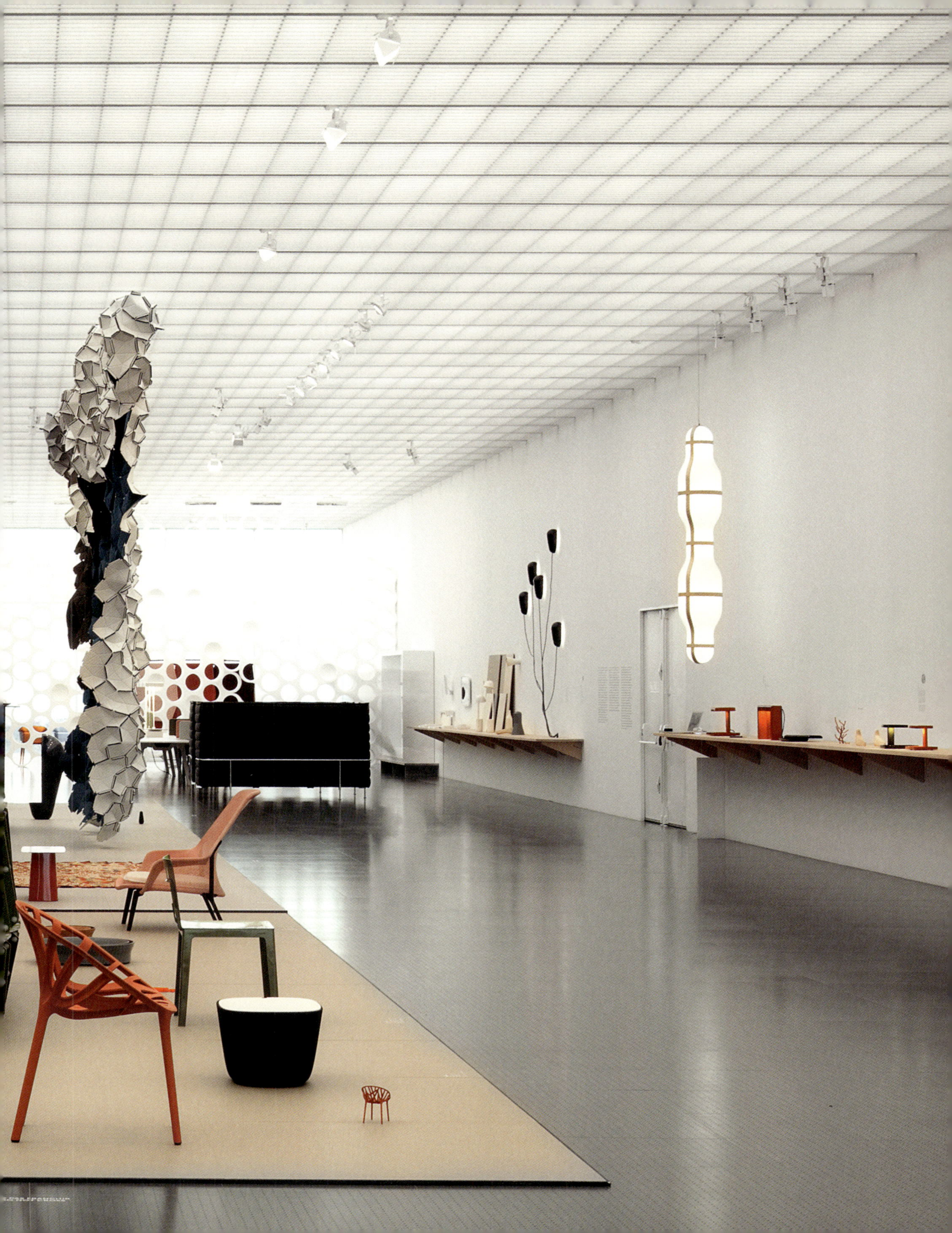

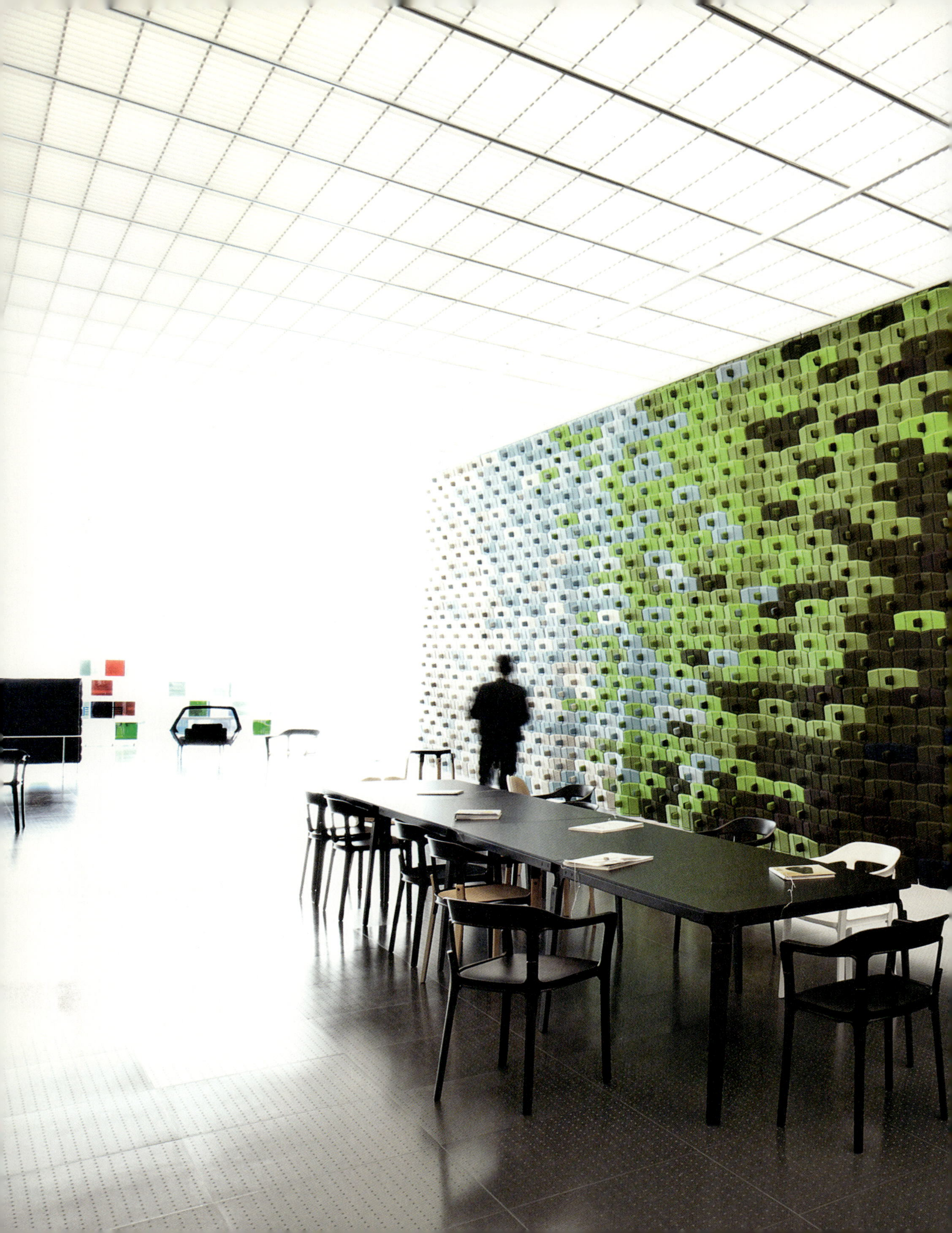

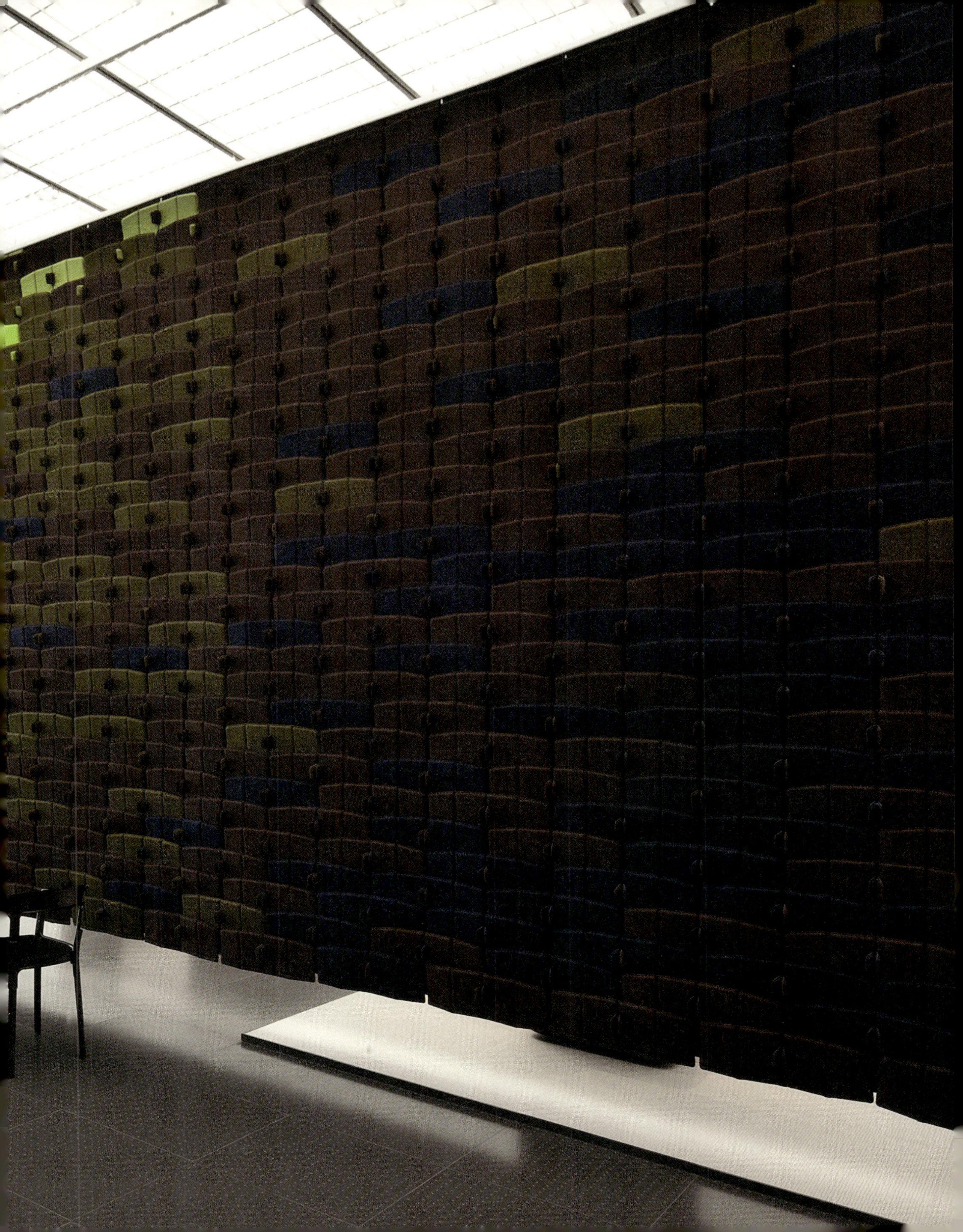

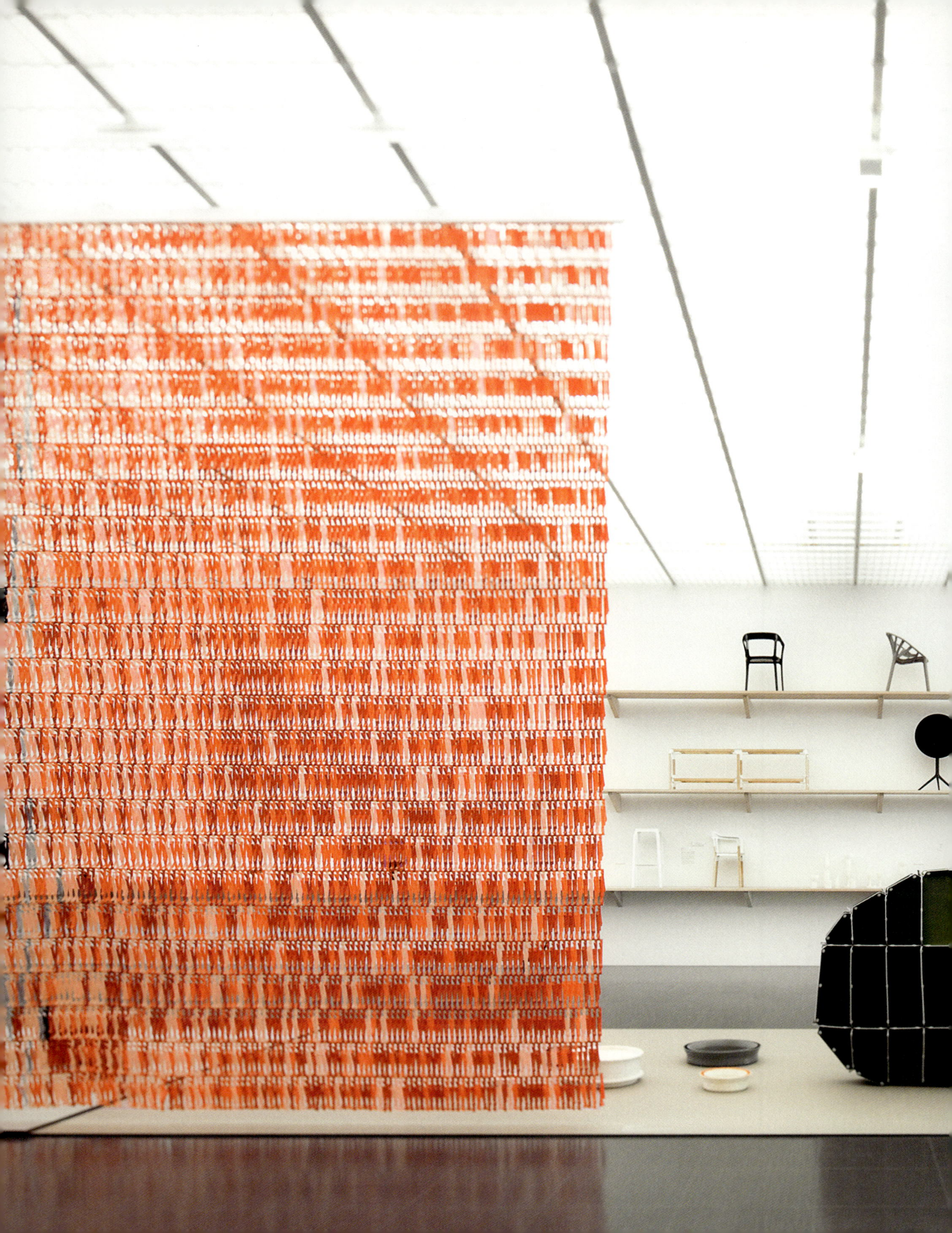

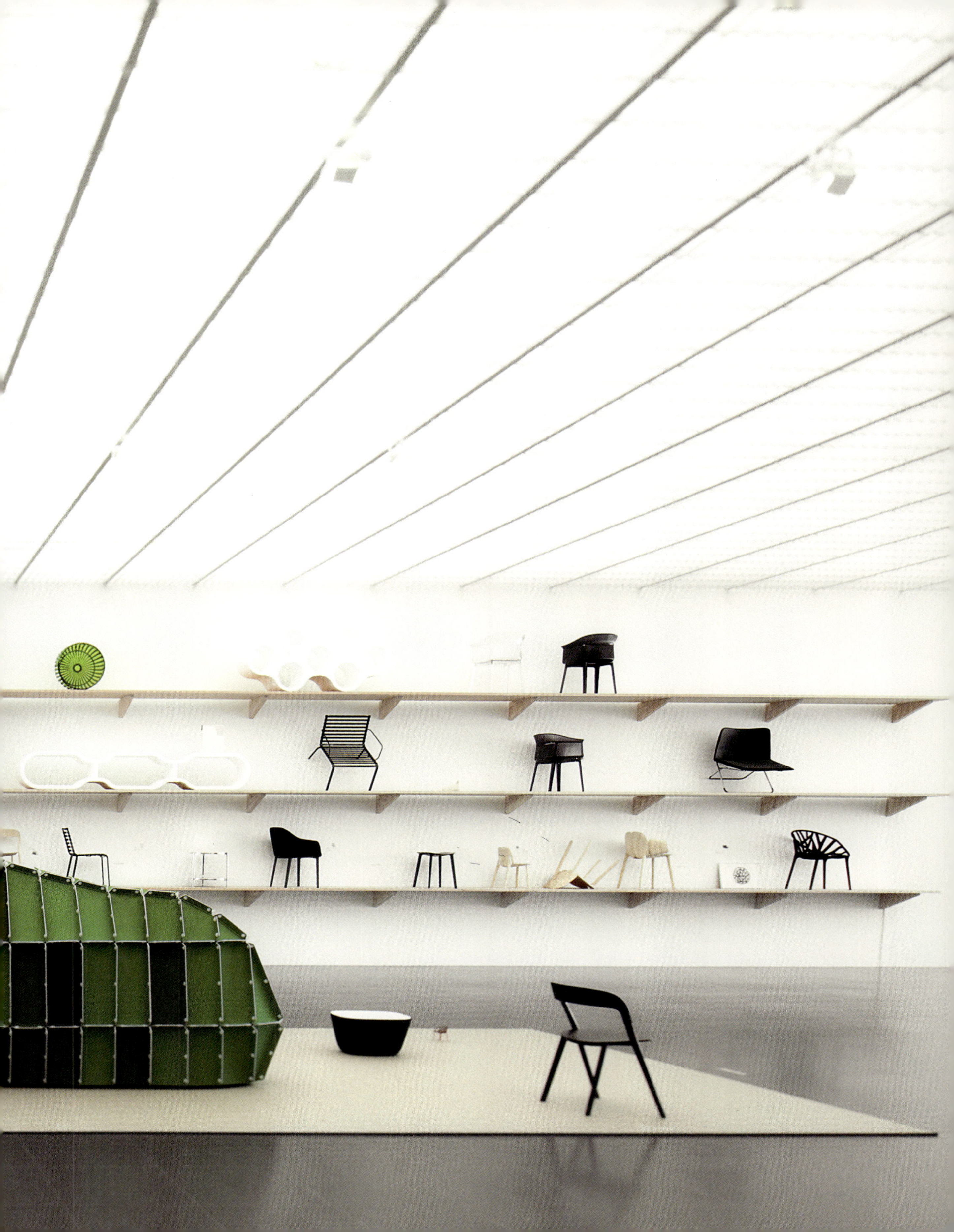

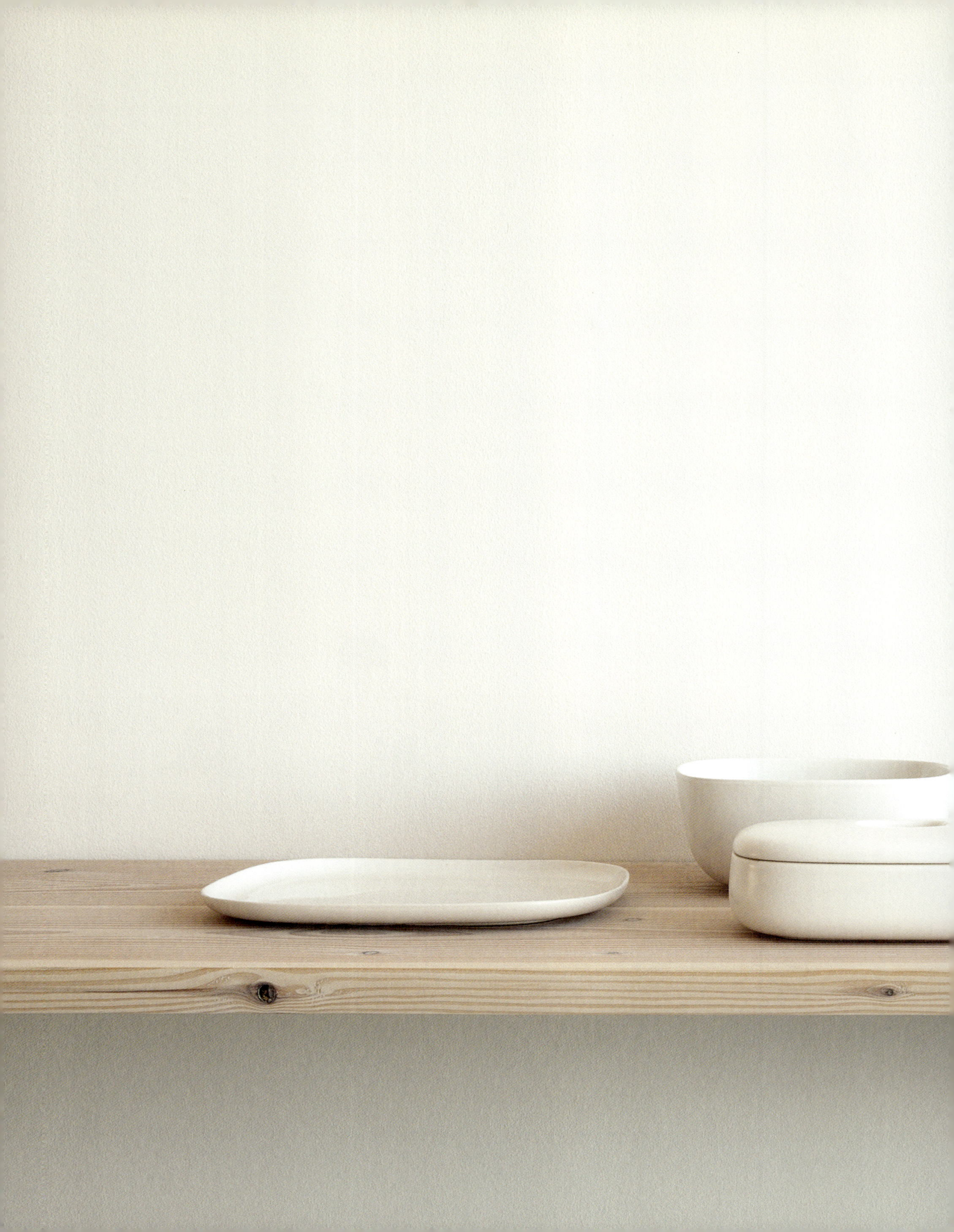

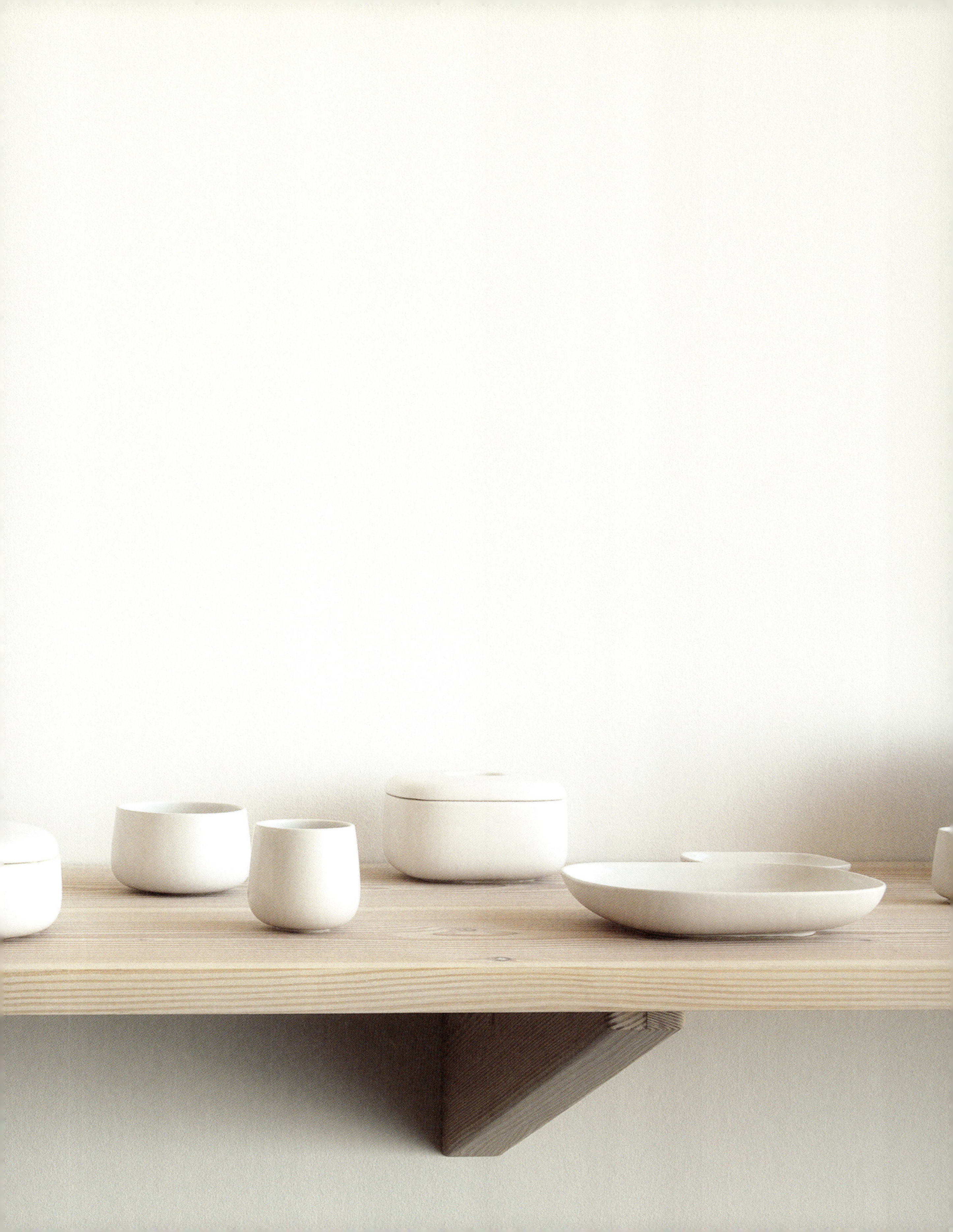

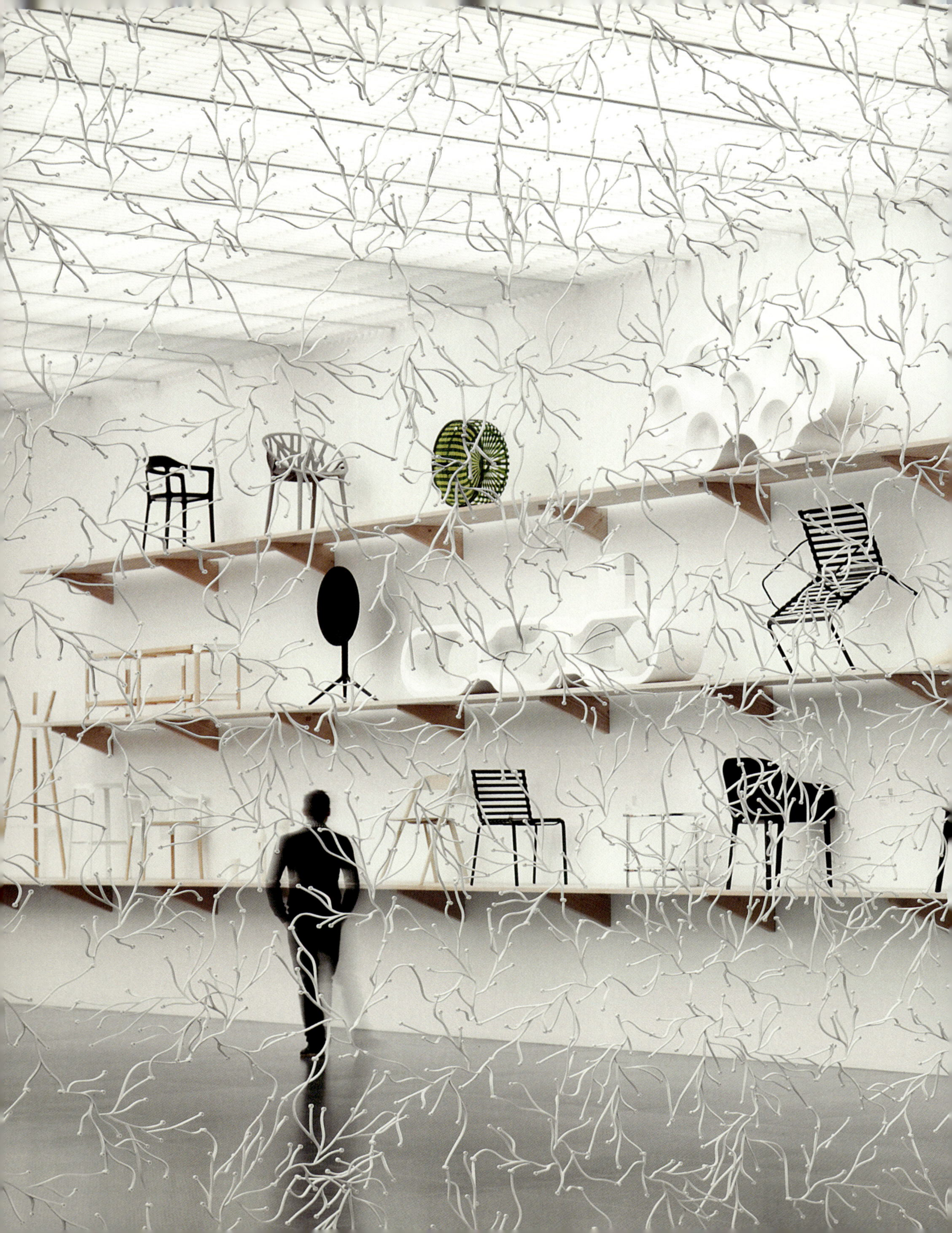

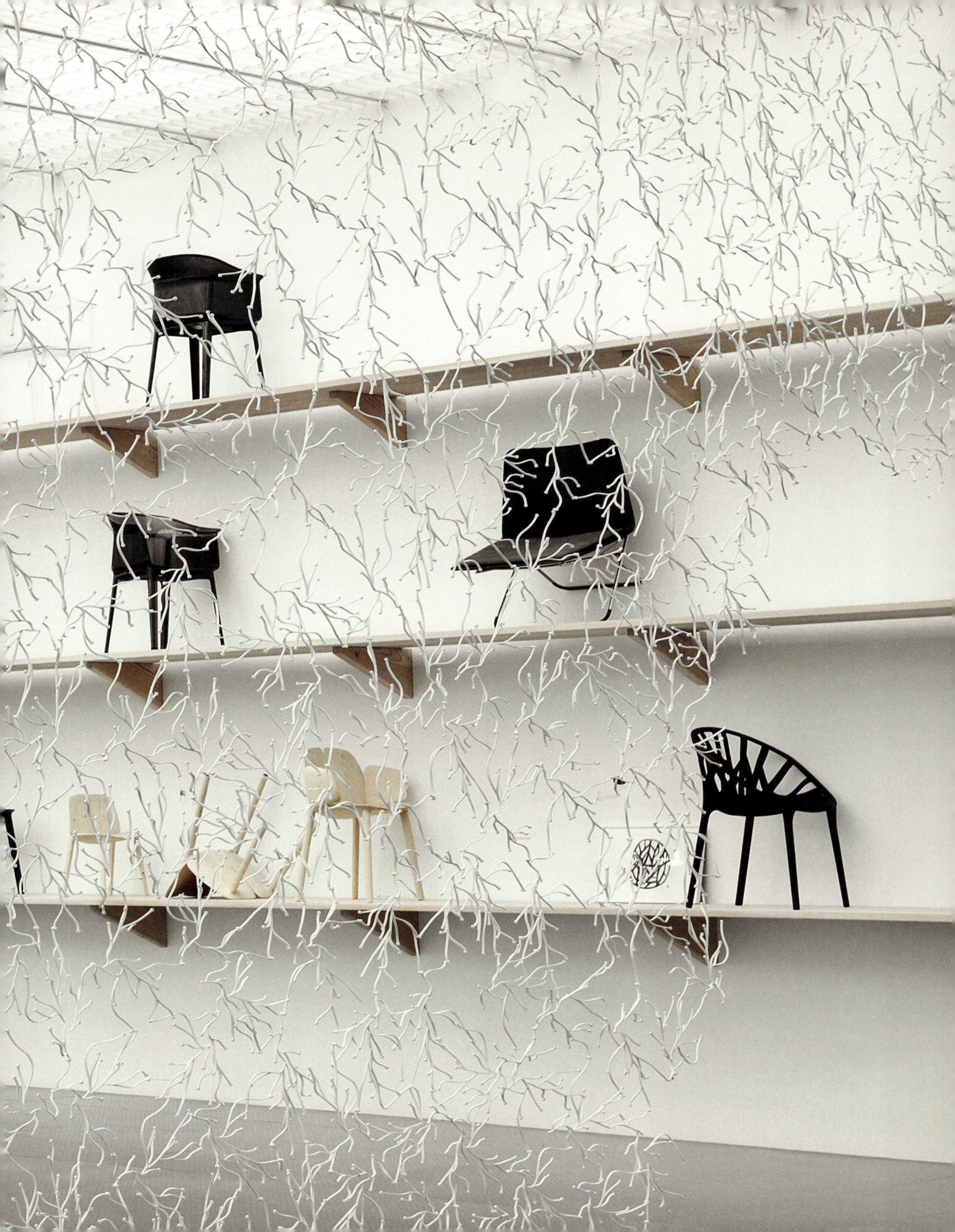

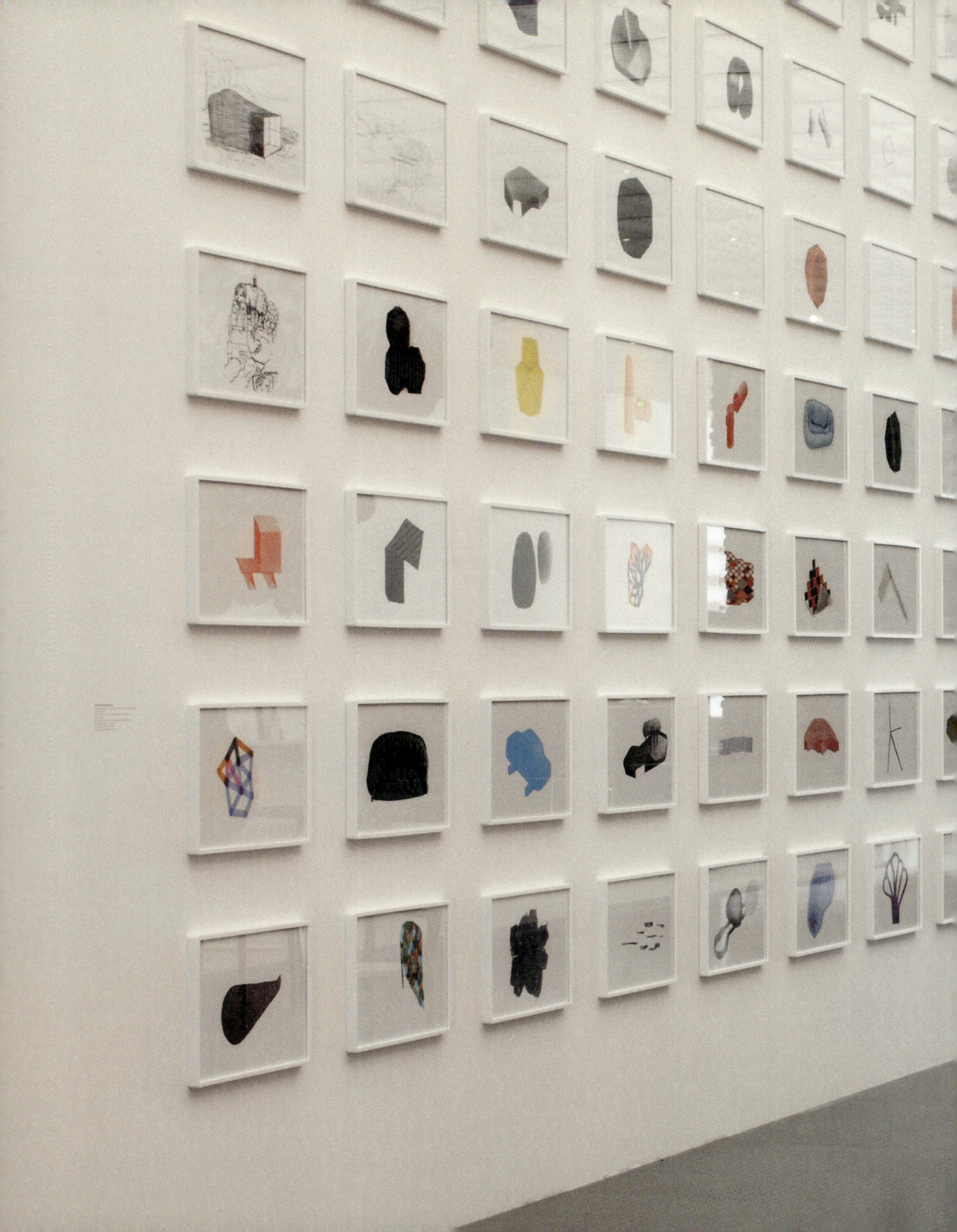

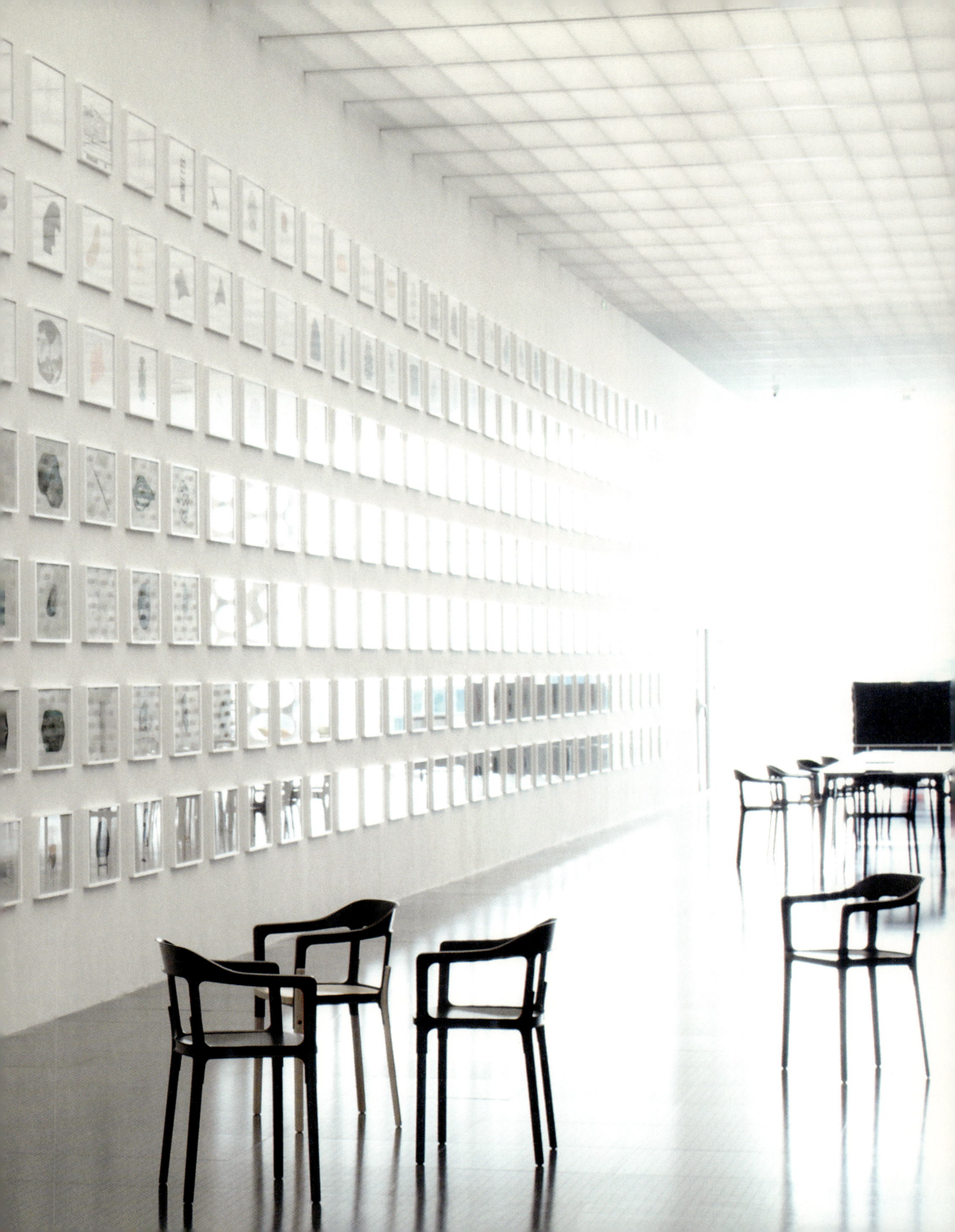

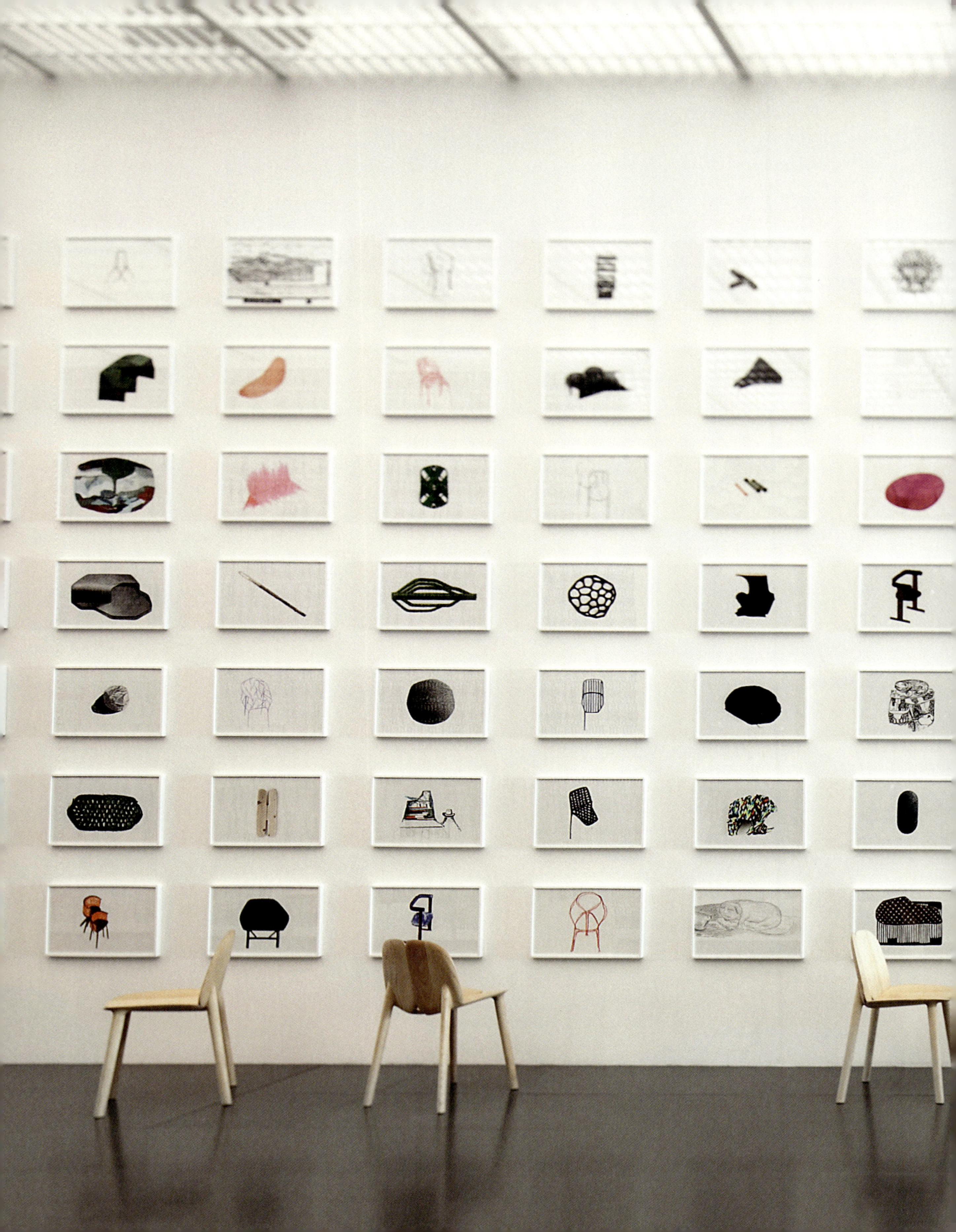

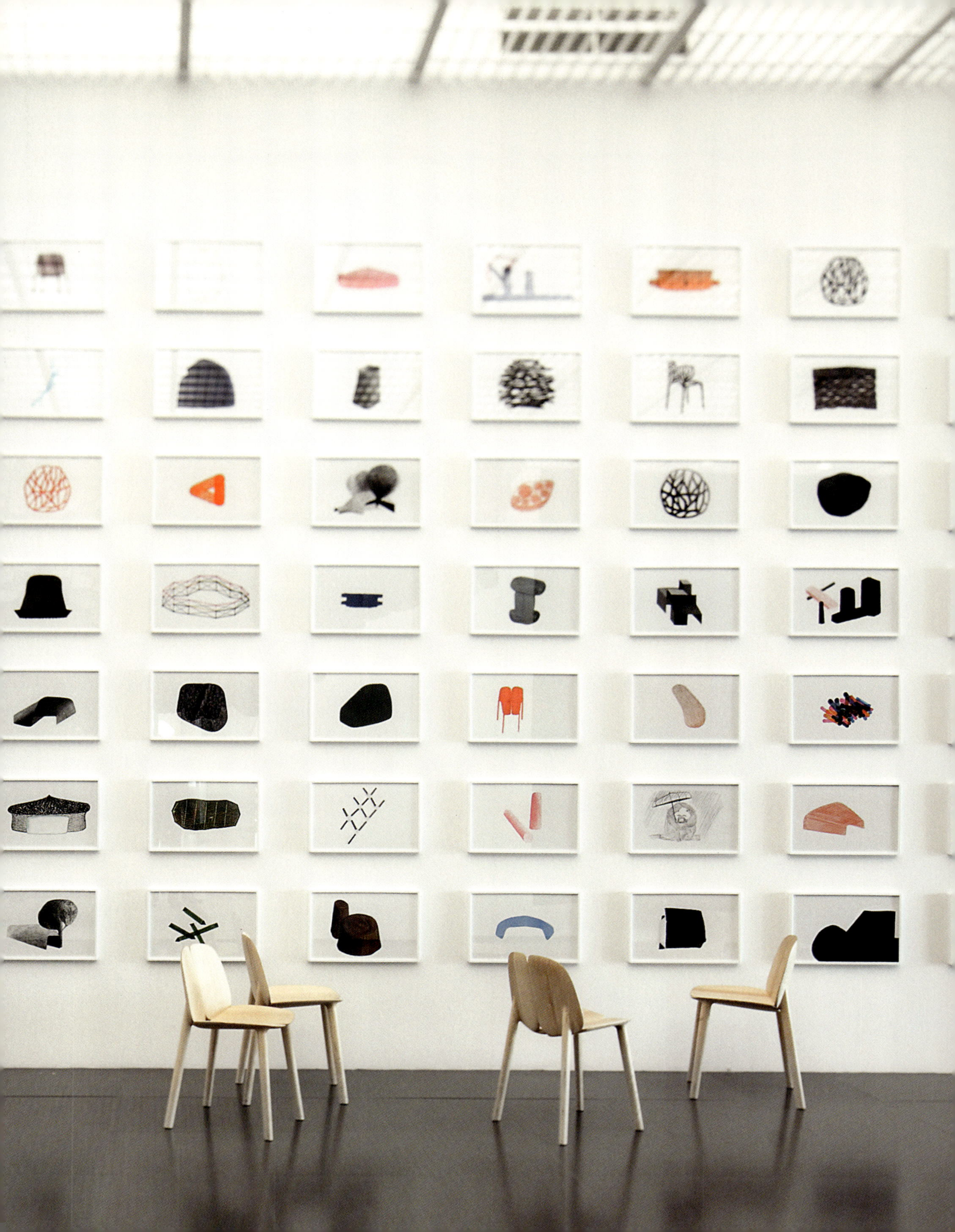

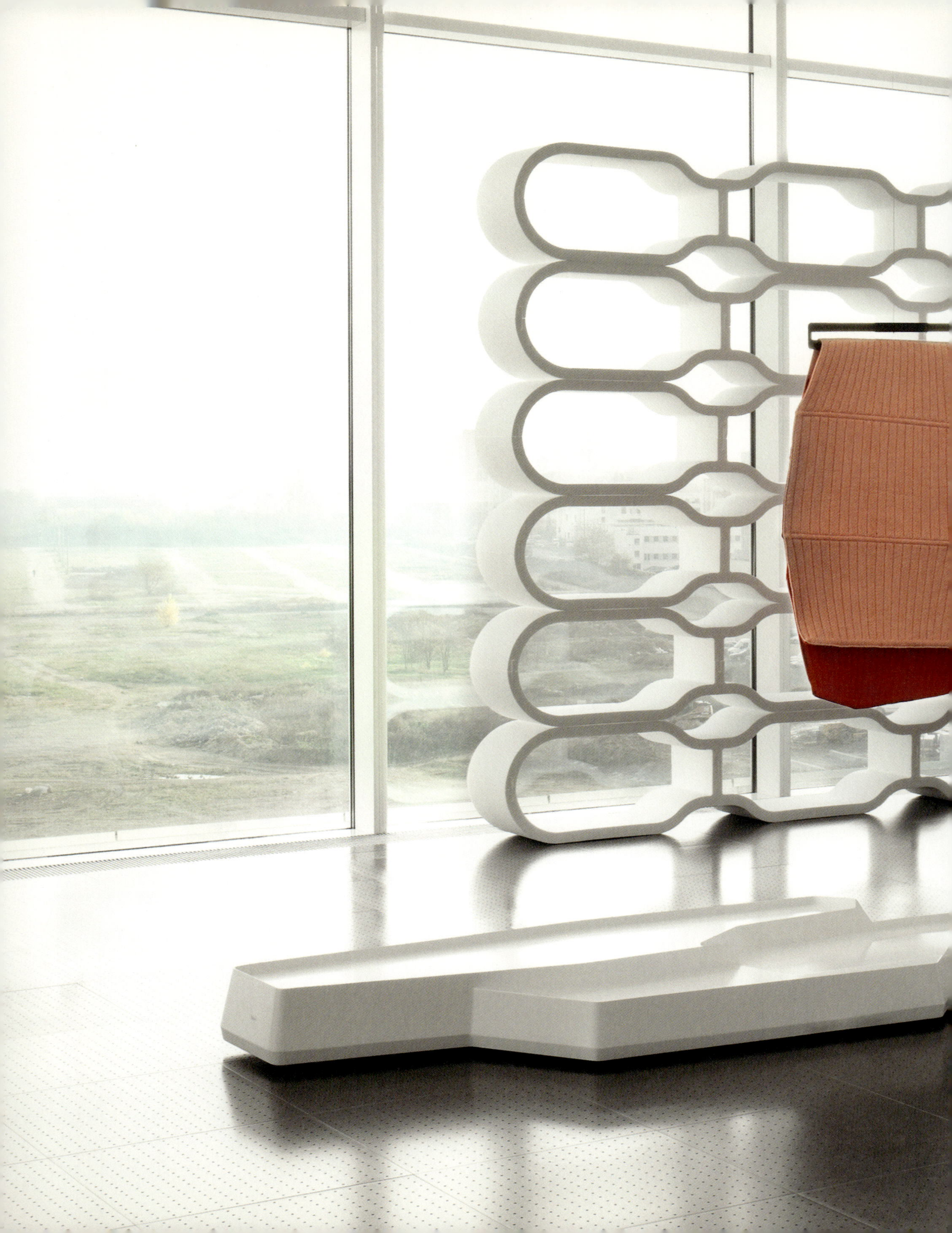

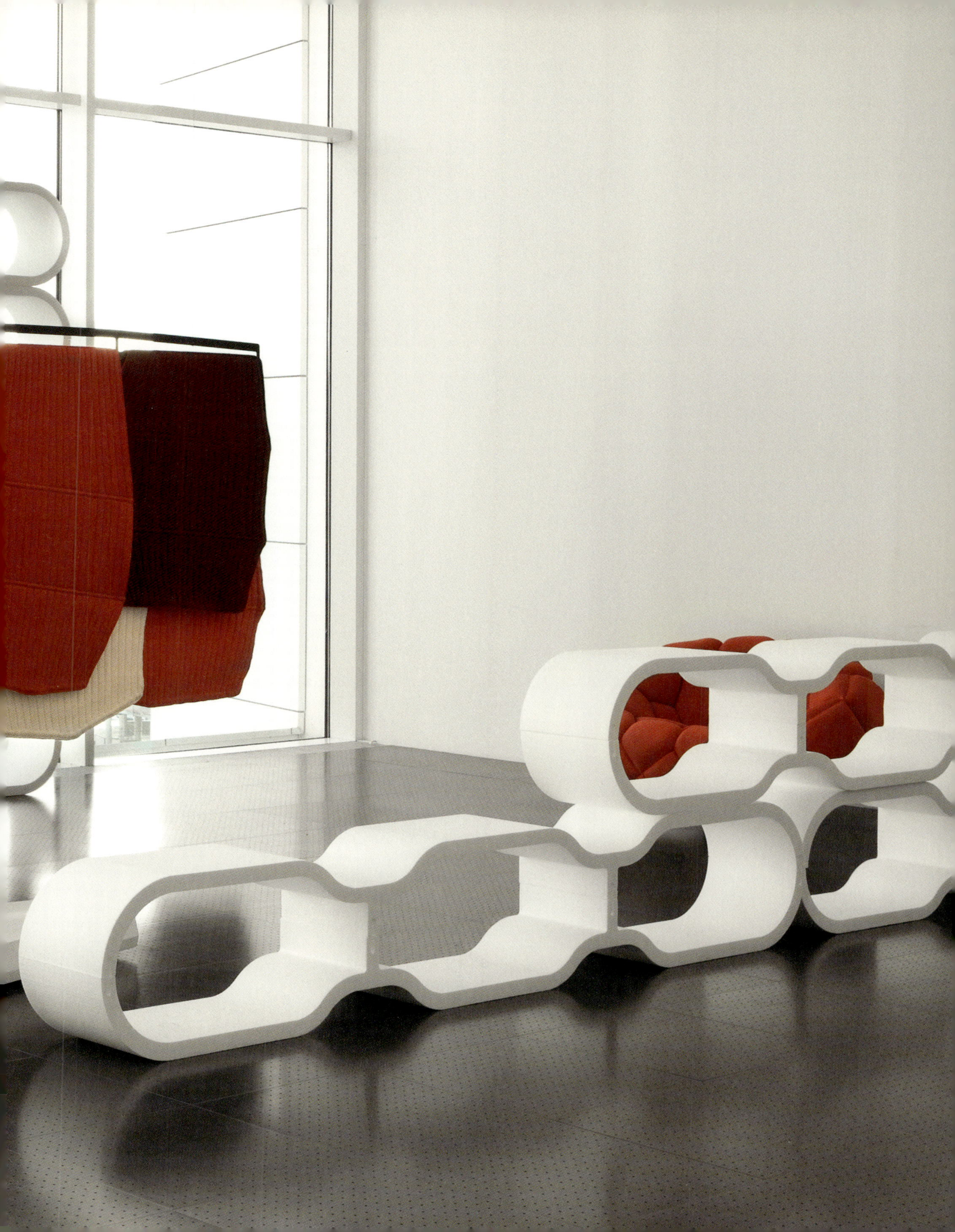

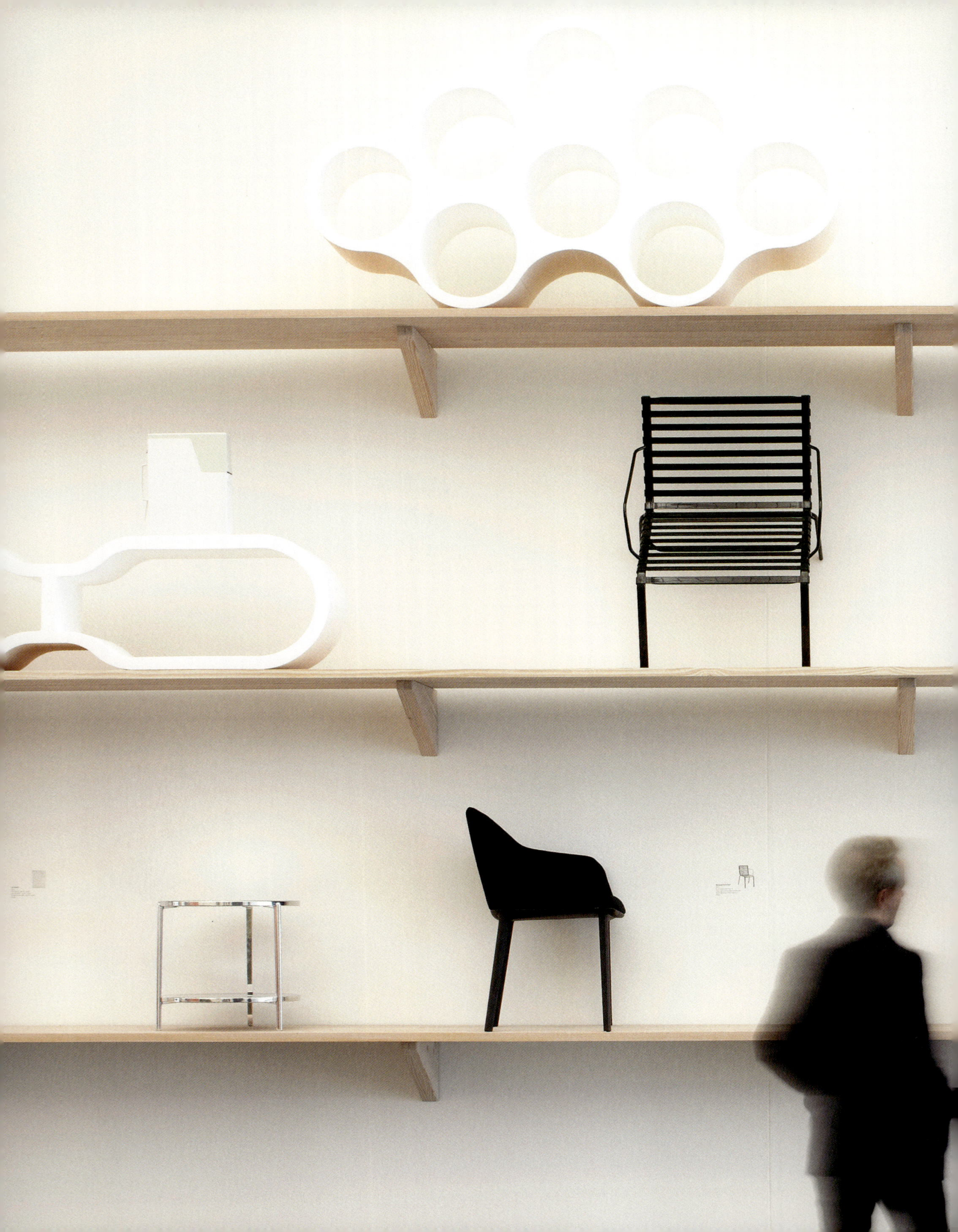

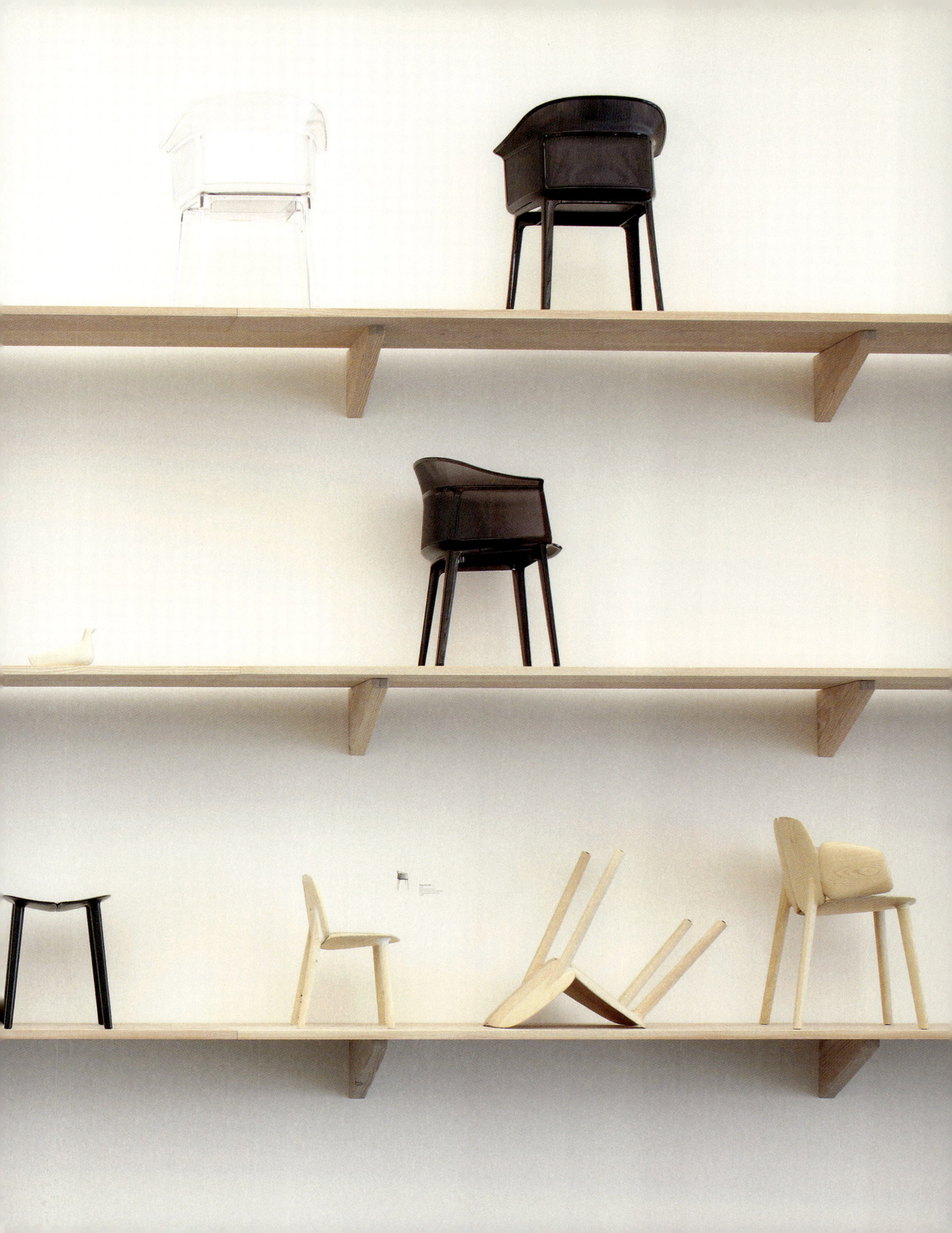

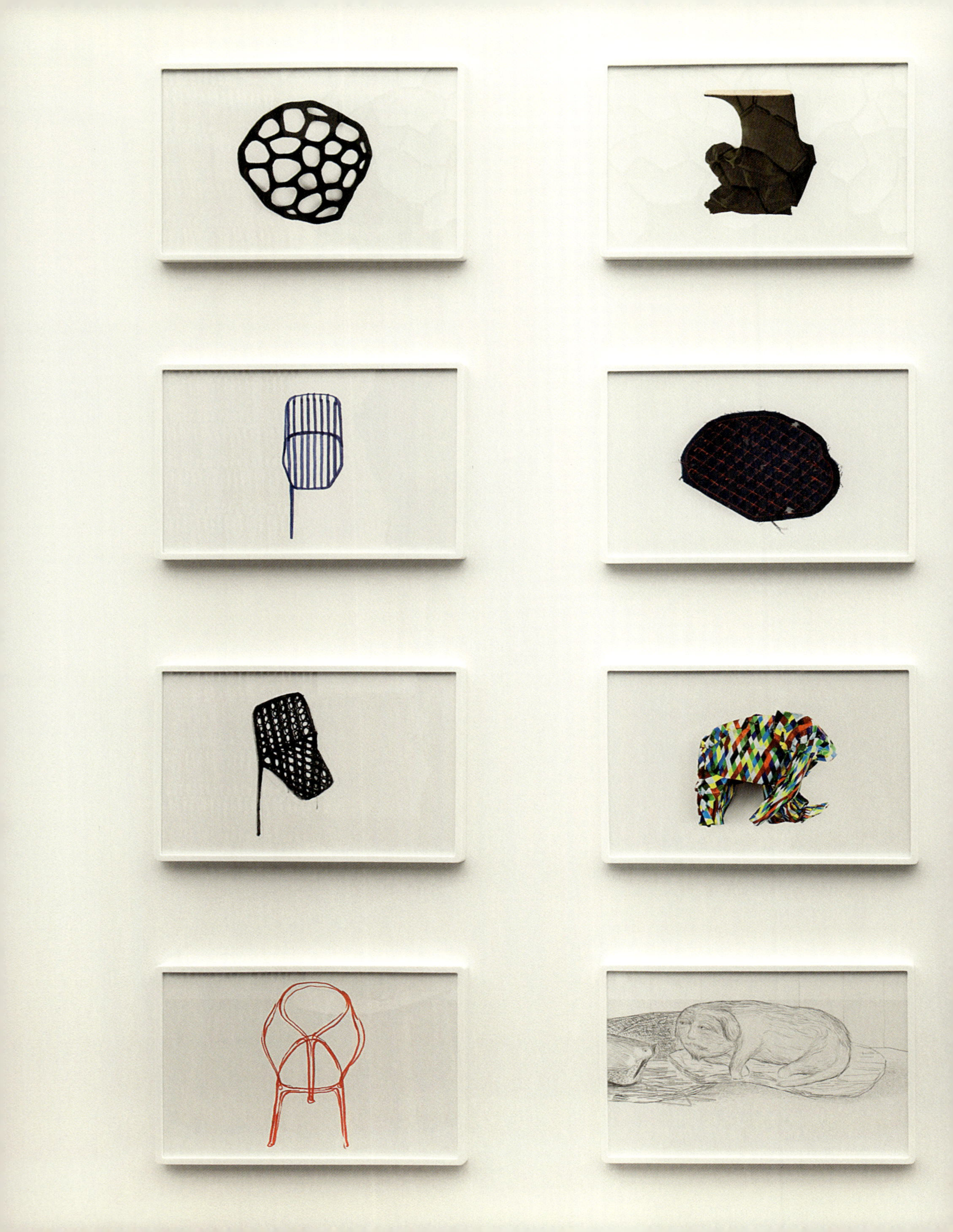

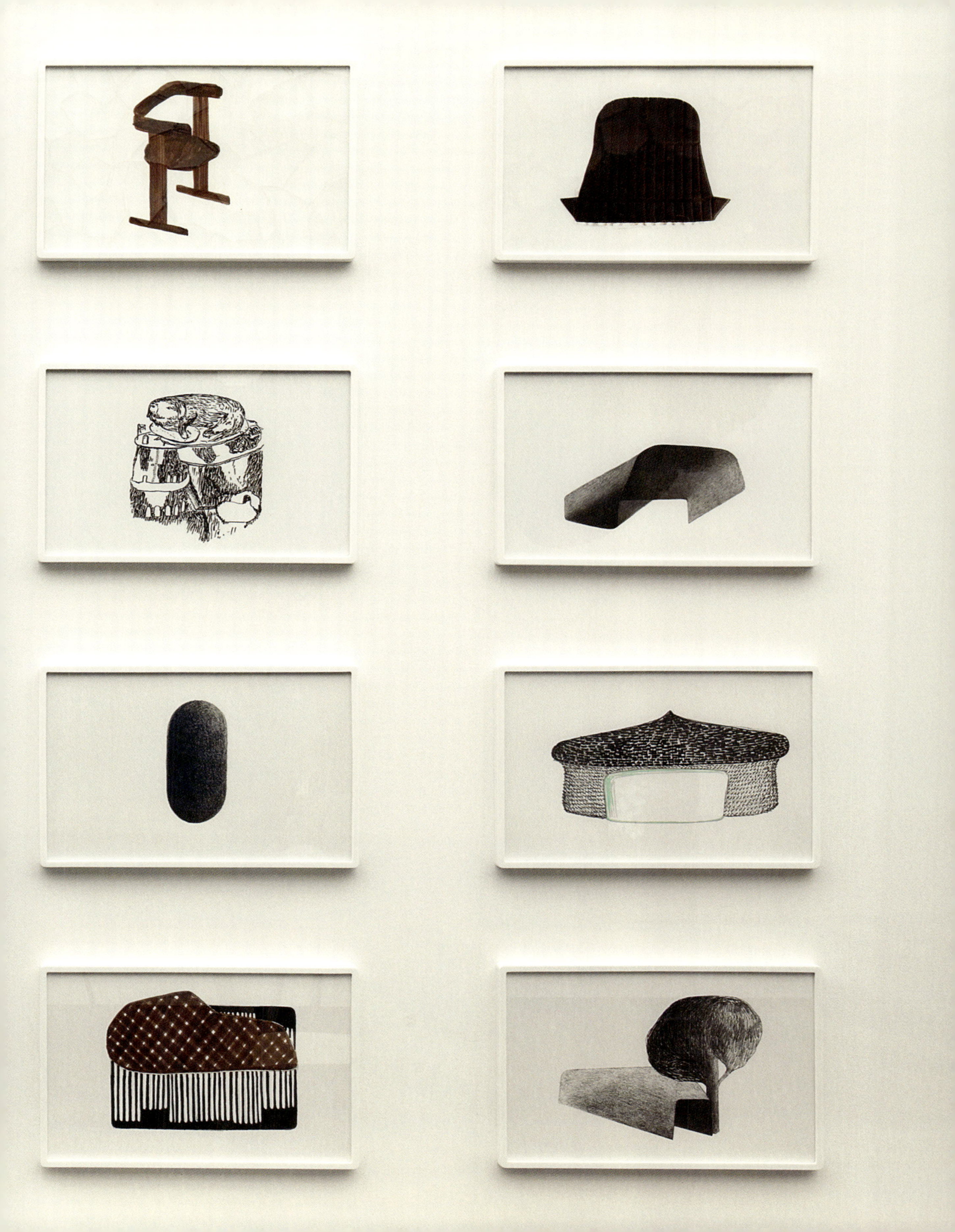

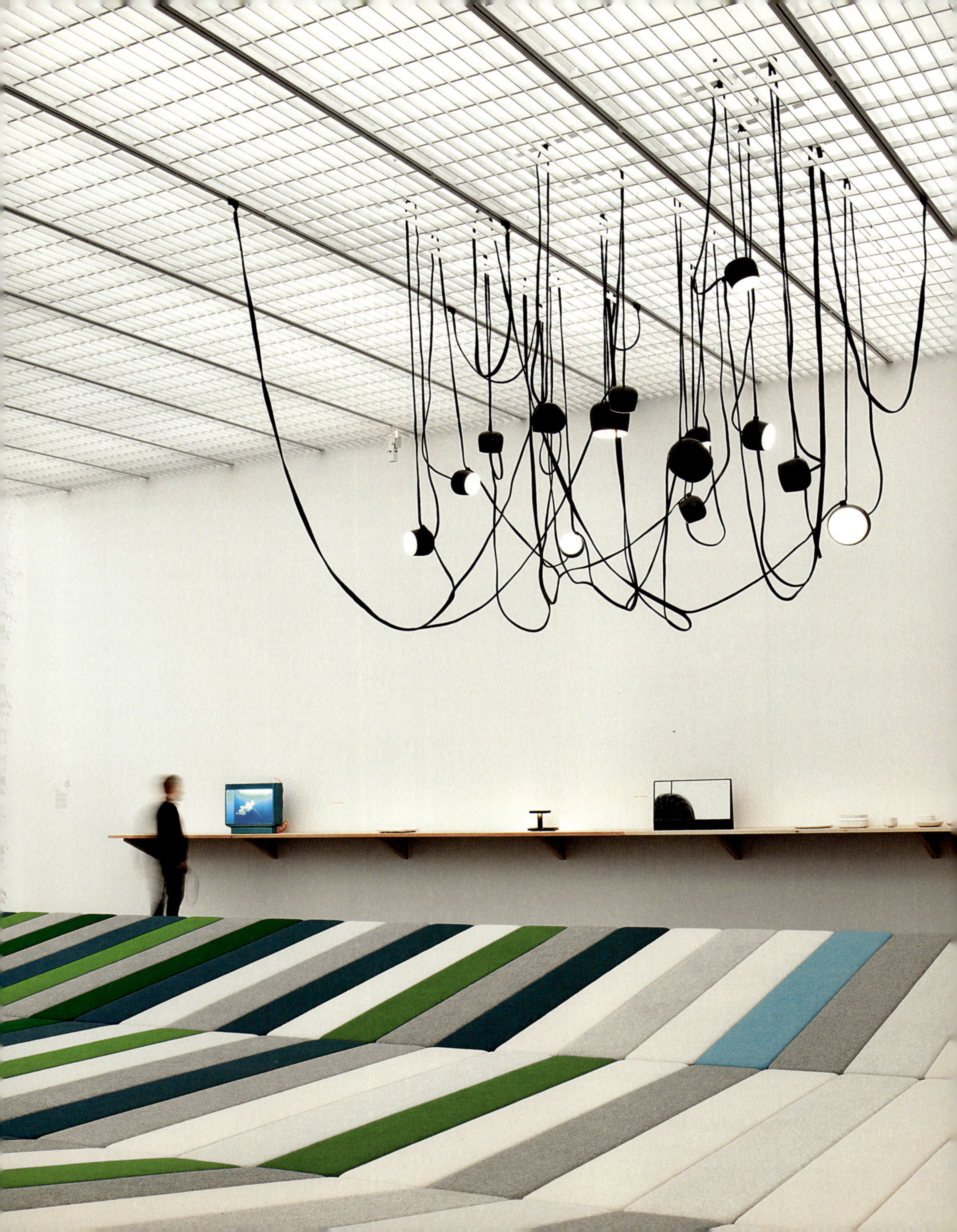

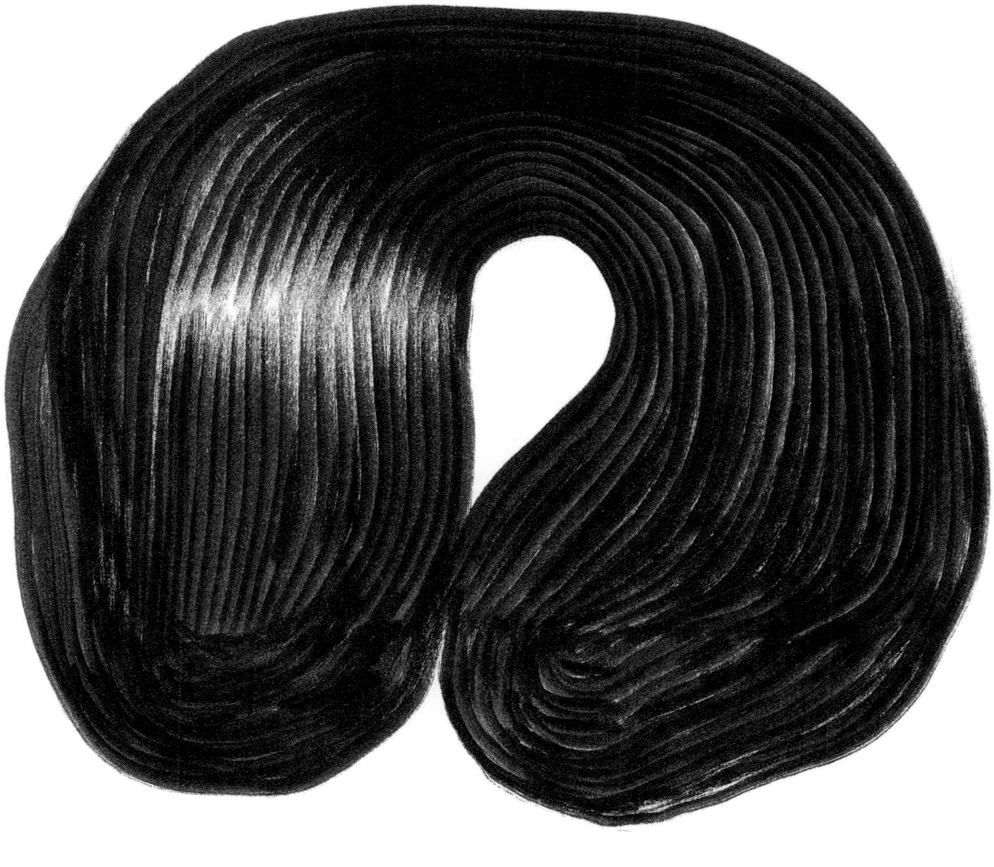

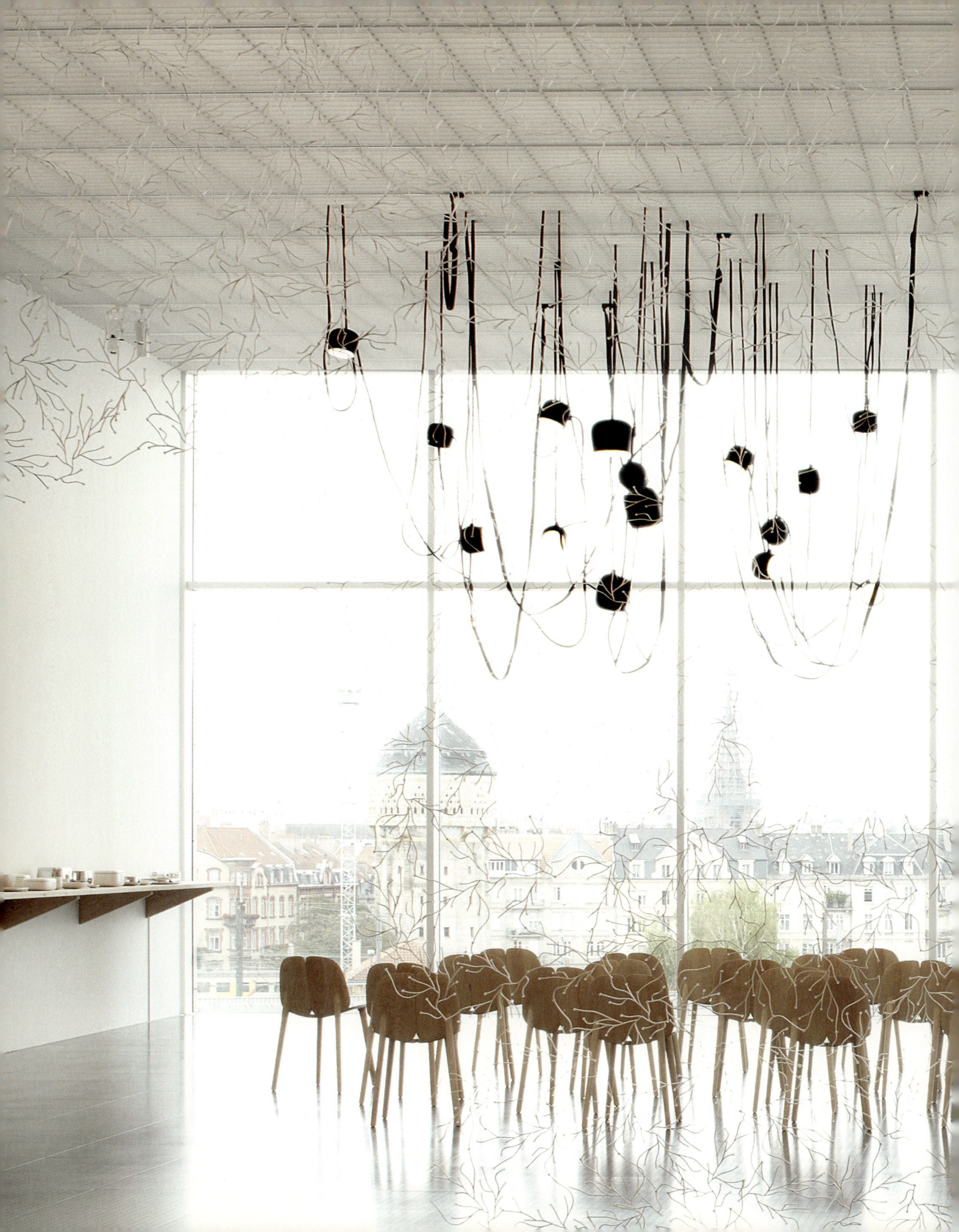

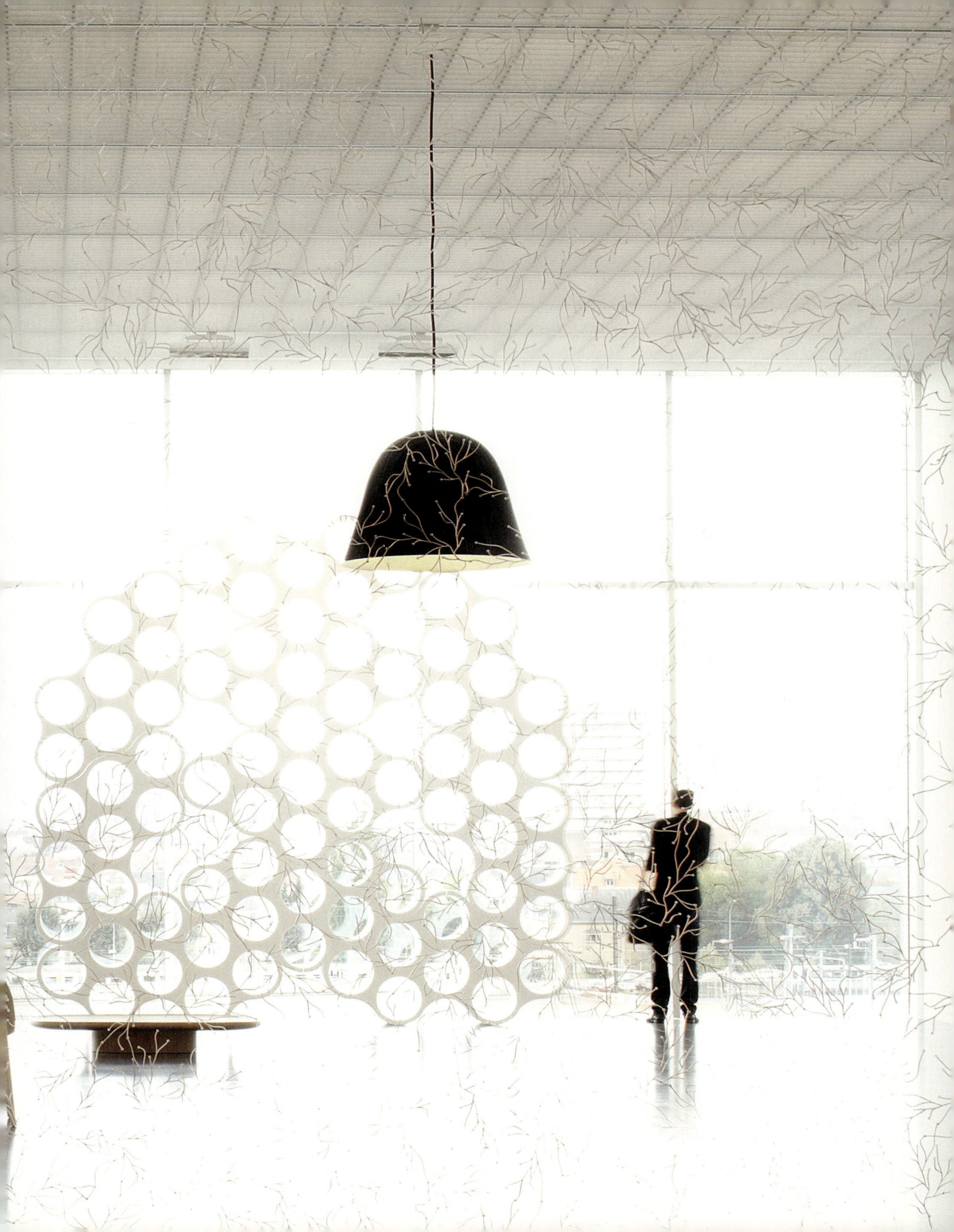